"新思想在浙江的萌发与实践"系列教材

编委会

主　编：任少波

编　委：（按姓氏笔画排序）

"新思想在浙江的萌发与实践"系列教材

主编　任少波

统筹城乡兴"三农"

Coordinate
Urban and Rural
Planning to
Promote Rural
Development

孙景淼　编著

ZHEJIANG UNIVERSITY PRESS

浙江大学出版社

序

　　浙江是中国革命红船起航地、改革开放先行地、习近平新时代中国特色社会主义思想重要萌发地。习近平同志在浙江工作期间,作出了"八八战略"重大决策部署,先后提出了"绿水青山就是金山银山""腾笼换鸟、凤凰涅槃"等科学论断,作出了平安浙江、法治浙江、数字浙江、文化大省、生态省建设、山海协作及加强党的执政能力建设等重要部署,推动浙江经济社会发展取得前所未有的巨大成就。2020年3月29日至4月1日,习近平总书记到浙江考察,提出浙江要坚持新发展理念,坚持以"八八战略"为统领,干在实处、走在前列、勇立潮头,努力成为新时代全面展示中国特色社会主义制度优越性的重要窗口。2021年6月,中共中央、国务院发布《关于支持浙江高质量发展建设共同富裕示范区的意见》,赋予浙江新的使命和任务。习近平新时代中国特色社会主义思想在浙江的萌发与实践开出了鲜艳的理论之花,结出了丰硕的实践之果,是一部中国特色社会主义理论的鲜活教科书。

　　走进新时代,高校在宣传阐释新思想、培养时代新人方面责无旁贷。浙江大学是一所在海内外具有较大影响力的综合型、研究型、创新型大学,同时也是中组部、教育部确定的首批全国干部教育培训基地。习近平同志曾18次莅临浙江大学指导,对学校改革发展作出了一系列重要指示。我们编写本系列教材,就是要充分发挥浙江"三个地"的政治优势,将新思想在浙江的萌发与实践作为开展干部培训的重要内容,作为介绍浙江努力打造新时代"重要窗口"的案例样本,作为浙江大学办学的重要特色,举全校之力高质量教育培训干部,高水平服务党和国家事业发展。同时,本系列教材也将作为高校思想政治理论课的重要教材,引导师生通过了解浙江改革发展历程,深切感悟新思想的理论穿透力和强大生命力,深入感知国情、省情和民情,让思想政治理论课更加鲜活,让新思想更加入脑入心,打造具有浙江大学特色的高水平干部培训和思想政治教育品牌。

实践是理论之源,理论是行动先导。作为改革开放先行地,浙江坚持"八八战略",一张蓝图绘到底,全面客观分析世情、国情和省情与浙江动态优势,扬长避短、取长补短走出了符合浙江实际的发展道路;作为乡村振兴探索的先行省份,浙江从"千村示范、万村整治"起步,以"山海协作"工程为重大载体,逐步破除城乡二元结构,有效整合工业化、城市化、农业农村现代化,统筹城乡发展,率先在全国走出一条以城带乡、以工促农、山海协作、城乡一体发展的道路;作为"绿水青山就是金山银山"理念的发源地和率先实践地,浙江省将生态建设摆到重要位置统筹谋划,不断强化环境治理和生态省建设,打造"美丽浙江",为"绿色浙江"的建设迈向更高水平、更高境界指明了前进方向和战略路径;作为经济转型发展的先进省份,浙江坚持以发展为第一要务,以创新为第一动力,通过"立足浙江发展浙江","跳出浙江发展浙江",在"腾笼换鸟"中"凤凰涅槃",由资源小省发展成为经济大省、开放大省。

在浙江工作期间,习近平同志怀着强烈的使命担当,提出加强党的建设"巩固八个方面的基础，增强八个方面的本领"的总体战略部署，从干部队伍和人才队伍建设、基层组织和党员队伍建设、党的作风建设与反腐败斗争等方面坚持和完善党的领导，有力推进了浙江党的建设走在前列、发展走在前列。在浙江工作期间，习近平同志以高度的文化自觉，坚定文化自信、致力文化自强，科学提炼了"求真务实、诚信和谐、开放图强"的"浙江精神"，对浙江文化建设作出了总体部署，为浙江文化改革发展指明了前进方向。在浙江工作期间，习近平同志积极推进平安浙江、法治浙江、文化大省建设。作为"平安中国"先行先试的省域样本，浙江被公认为全国最安全、社会公平指数最高的省份之一。在浙江工作期间，习近平同志着力于发展理念与发展实践的有机统一，着力于发展观对发展道路的方向引领，着力于浙江在区域发展中的主旨探索、主体依靠、关系处理及实践经验的总体把握，深刻思考了浙江发展的现实挑战、面临困境、发展目标、依靠动力和基本保障等一系列问题，在省域层面对新发展理念进行了思考与探索。

从"绿水青山就是金山银山"理念到"美丽中国"，从"千万工程"到"乡村振兴"，从"法治浙江"到"法治中国"，从"平安浙江"到"平安中国"，从"文化大省"到"文化强国"，从"数字浙江"到"数字中国"，从对内对外开放到双循环新格局……可以清晰地看到，习近平同志在浙江的重大战略布局、改革发展举措及创新实践经验，体现了新思想萌发与实践的重要历程。

浙江的探索与实践是对新思想鲜活、生动、具体的诠释，对党政干部培训和高校思想政治理论课教学而言，就是要不断推动新思想进学术、进学科、进课程、进培训、进读本，使新思想落地生根、入脑入心。本系列教材由浙江省有关领导干部、专家及浙江大学知名学者执笔，内容涵盖"八八战略"、新发展理念、"绿水青山就是金山银山"理念、乡村振兴、"千万工程"、"山海协作"、县域治理、"腾笼换鸟"、对内对外开放、党的建设、新时代"枫桥经验"、平安浙江、法治浙江、数字浙江、健康浙江、民营经济、精神引领、文化建设、创新强省等重要专题。浙江省以习近平新时代中国特色社会主义思想为指引，全面贯彻党中央各项决策部署，统筹推进"五位一体"总体布局，协调推进"四个全面"战略布局，坚持稳中求进工作总基调，坚持新发展理念，坚持以"八八战略"为统领，一张蓝图绘到底，为社会各界深入了解浙江改革开放和社会主义现代化建设的成功经验提供有益的参考。

本系列教材主要有以下特色：一是思想性。教材以习近平新时代中国特色社会主义思想为指导，通过新思想在浙江的萌发与实践展现党的创新理论的鲜活力量。二是历史性。教材编写涉及的主要时期为 2002 年到 2007 年，并作适当延伸或回顾，集中反映浙江坚持一张蓝图绘到底，在新思想指导下的新实践与取得的新成就。三是现实性。教材充分展现新思想萌发与实践过程中的历史发展、典型案例、现实场景，突出实践指导意义。四是实训性。教材主要面向干部和大学生，强调理论学习与能力提升相结合，使用较多案例及分析，注重示范推广性，配以思考题和拓展阅读，加强训练引导。

"何处潮偏盛？钱塘无与俦。"奔涌向前的时代巨澜正赋予浙江新的期望与使命。起航地、先行地、重要萌发地相互交汇在这片神奇的土地上，浙江为新时代新思想的萌发、形成和发展提供了丰富的实践土壤。全景式、立体式展示浙江的探索实践,科学全面总结浙江的经验,对于学深悟透党的创新理论,用习近平新时代中国特色社会主义思想武装全党、教育人民具有重大意义。让我们不负梦想、不负时代,坚定不移地推进"八八战略"再深化、改革开放再出发,为建设社会主义现代化强国、实现中华民族伟大复兴的中国梦作出更大贡献。

感谢专家王永昌教授、胡坚教授、盛世豪教授、刘亭教授、张彦教授、宋学印特聘研究员对本系列教材的指导和统稿,感谢浙江大学党委宣传部、浙江大学继续教育学院(全国干部教育培训浙江大学基地)、浙江省习近平新时代中国特色社会主义思想研究中心浙江大学基地、浙江大学中国特色社会主义研究中心、浙江大学马克思主义学院、浙江大学出版社对本系列教材的大力支持,感谢各位作者的辛勤付出。由于时间比较仓促,书中难免有不尽完善之处,敬请读者批评指正。

是为序。

"新思想在浙江的萌发与实践"

系列教材编委会

二〇二一年十二月

前　言

　　城乡关系是任何国家或地区在现代化过程中必然要面临和解决的重大关系,对于农村人口众多的我国来说尤为如此。新中国成立70多年来,党和国家始终把正确处理好城乡关系、解决农业农村农民问题作为经济社会发展的重中之重。实践表明,城和乡是一个共同体,城镇化离不开农村现代化,农村现代化也离不开城镇化,城乡融合发展是大势所趋。习近平总书记指出,在现代化进程中,如何处理好工农关系、城乡关系,在一定程度上决定着现代化的成败。

　　改革开放以来,浙江率先冲破城乡分割二元结构,进入21世纪后又大力推进统筹城乡兴"三农"。多年来,浙江深化农村改革,推动城乡空间布局优化、产业协同发展、公共基础设施互联互通、公共服务均等化,形成新型工业化、信息化、城镇化和农业现代化同步发展的良好态势,走出了富有特色的以工促农、以城带乡、城乡互促共进和一体化发展路子,并不断向城乡深度融合的新阶段迈进。

　　当前,全国上下正在深入实施乡村振兴战略,加快城乡一体化发展。如何统筹城乡发展、推进城乡融合以做好"三农"工作,是各地面临的重大课题,也是各级干部应该掌握的知识。为此,我们在系统总结浙江经验、做法的基础上,组织编写了《统筹城乡兴"三农"》一书,共八章三十八节。全书以习近平新时代中国特色社会主义思想为指导,注重理论高度、历史纬度和实践深度的结合,立足浙江、面向全国,回顾历史、展望未来,总结实践、注重应用,用夹叙夹议的形式,以丰富的事例和翔实的数据为支撑,突出城乡互促共进、乡村产业振兴、乡村资源管护、美丽乡村建设、乡村文化兴盛、乡村社会治理、乡村共同富裕、农村党的建设八个方面,阐述了统筹城乡加快"三农"发展的内涵,介绍了浙江的经验和做法,分析了面临的形势,指出了今后的发展方向、推进路径。为了帮助读者加深理解,每一章开篇都作了内容提要,结尾部分都设置了思考题。限于水平和篇幅,本书的理论提炼、与国际国内先进实践的对比分析还不够,需要我们进一步研究、探索和深化。

目 录

第一章　城乡互促共进

◆◆　**内容提要**

　　解决城乡发展不平衡不协调问题、实现城乡一体化发展,是全面建成小康社会、加快推进社会主义现代化的必然选择。改革开放以来,浙江率先冲破城乡分割二元结构,加快城乡融合发展,推动城乡空间布局优化、产业协同发展和公共服务均等化,形成新型工业化、信息化、城镇化和农业现代化同步发展的良好态势,走出了具有自身特点的以工促农、以城带乡、城乡互促共进和一体化发展的路子。

　　城市与乡村是相互依存、相互融合、互促共荣的有机整体,乡村发展离不开城市的辐射和带动,城市的发展也离不开乡村的支撑和促进,没有乡村的振兴就没有城市的繁荣。进入 21 世纪后,我国迈入城乡统筹发展阶段。习近平同志到浙江工作后,深入分析了工业化、城镇化进程中城乡关系失衡的本质,深刻阐述了解决好农业农村农民问题在现代化全局中的根本地位,为全省统筹城乡发展奠定了思想基础。2002 年 12 月,习近平同志在金华市调研时指出:"城乡一体化是一个带有根本性的问题,是解决'三农'问题的根本出路。要研究一些政策性问题,抓好导向。"①2003 年,习

---

　　①　习近平.干在实处　走在前列:推进浙江新发展的思考与实践[M].北京:中共中央党校出版社,2006:159.

近平同志提出全面推进浙江现代化建设的"八八战略",明确要求进一步发挥浙江的城乡协调发展优势,加快推进城乡一体化。2004年初,他指出,"浙江在统筹城乡发展上有较好的基础,也有迫切的需要。我们必须在这方面有所探索,有所突破,有所作为,以此推动浙江全面、协调、可持续发展,并为全国城乡协调发展提供有益的经验"①,强调浙江有条件、有必要、有责任抓好城乡统筹,逐步破除城乡二元结构,加快推进城乡一体化,率先在全国走出一条以城带乡、以工促农、城乡一体化发展的路子。2004年,浙江制定《浙江省统筹城乡发展 推进城乡一体化纲要》。2005年1月,习近平同志在全省农村工作会议上强调:"我们要进一步深化统筹城乡发展重大战略的认识,不断提高统筹城乡兴'三农'的自觉性,更加有效整合工业化、城市化、农业农村现代化并举的各项政策措施,充分发挥城乡的互动互促作用,努力推动'三农'问题的根本解决。"②他要求要致力于推进城乡配套的各项改革,革除一切影响"三农"发展的体制弊端,建立有利于消除城乡二元结构的机制和体制。在党的十九大报告中,习近平总书记指出,要建立健全城乡融合发展体制机制和政策体系,加快推进农业农村现代化。我们要大力推进新型工业化、信息化、城镇化和农业现代化同步发展,推动城乡空间、要素、产业、居民、社会和生态融合,实现城市与乡村、工业与农业、市民与农民相协调、相促进、相融合。2020年4月1日,习近平总书记在听取浙江省委、省政府工作汇报后指出,区域协调发展同城乡协调发展紧密相关。要以深入实施乡村振兴战略

---

① 习近平.干在实处 走在前列:推进浙江新发展的思考与实践[M].北京:中共中央党校出版社,2006:156-157.

② 习近平.干在实处 走在前列:推进浙江新发展的思考与实践[M].北京:中共中央党校出版社,2006:151.

为抓手,深化"千村示范、万村整治"工程和美丽乡村、美丽城镇建设,推动工商资本、科技和人才"上山下乡",建立健全城乡融合发展体制机制和政策体系,加快推进农业农村现代化。

第一节　统筹城乡一体化发展

一、改革开放冲破城乡二元体制

新中国成立后,从当时的国情出发,我国在较长时间里不得不采用农业支持工业、农村支持城市的城乡二元体制。改革开放前,浙江同全国一样城乡分割特征明显。党的十一届三中全会后,浙江率先冲破城乡分割的二元结构,充分尊重农民群众的创业权利和自主选择,以搞活农村经济、发展乡镇企业和培育小城镇为重点,开始了工业化、城镇化和农业现代化的早期探索。

大力推进农业向专业化、产业化、规模化方向发展,开展农业适度规模经营试点,以国营商业、供销社、外贸部门或工厂为依托,同农户联合实行农工商综合经营,全面提升农业发展水平。放手发展多种所有制经济,鼓励发展乡镇企业,推进乡镇集体企业进行股份制改革,实现了乡镇企业的异军突起。全面搞活农村商品流通,率先发展农村专业市场,带动和促进农村小城镇发展,探索温州龙港等"农民城镇农民建"的路子。建立省、县、乡、村四级农业发展基金制度,按乡镇企业销售收入一定比例提取资金,用于支持农业发展,形成了规范化、制度化的县域内"以工补农"机制。积极推进城镇户籍制度改革,开展允许农民进镇办理正式居民户口试点,分步取消进城控制指标和"农转非"指标,并对进城落户人员的待遇作了全面规定。开展"撤区扩镇并乡",加快乡镇企业和农村劳动力向小城镇集聚,促进乡镇企业、专业市场和小城镇联动发展。

通过这一阶段的改革,全省工业化、城镇化和农业现代化"三化"互促共进的机制不断健全。1978 年到 2000 年,农民人均纯收入从 165 元增加到 4254 元;乡镇企业发展到 100 多万家,在全省工业中进一步形成"三分天下有其二"的格局;专业市场达到 4000 多个,许多产品成了世界"单打冠军";建制镇达到 800 多个,农民非农化率超过 50%,城镇成为农民创业就业的大舞台,形成了县域内以工促农、以城带乡和工业化、城镇化相得益彰的格局。

二、世纪之交加快城乡统筹

进入 21 世纪后,浙江大力推进新农村建设和新型城镇化两轮驱动,在更大范围形成了以工促农、以城带乡和工业化、城市化互促共进的格局,城乡差距明显缩小,城乡一体化进程明显加快。2003 年,时任省委书记习近平提出了"八八战略",其中包括"进一步发挥浙江的块状特色产业优势,加快先进制造业基地建设,走新型工业化道路""进一步发挥浙江的城乡协调发展优势,加快推进城乡一体化""进一步发挥浙江的山海资源优势,大力发展海洋经济,推动欠发达地区跨越式发展,努力使海洋经济和欠发达地区的发展成为我省经济新的增长点"①。

坚持把高效生态农业作为主攻方向,调整优化农业产业结构和生产力要素布局,开展现代农业园区、粮食生产功能区建设,加快转变农业发展方式。积极培育现代农业经营主体,推进以农技推广、动植物疫病防控、农产品质量监管"三位一体"为重点的现代

---

① 习近平.干在实处 走在前列:推进浙江新发展的思考与实践[M].北京:中共中央党校出版社,2006:71-72.

农业服务体系建设,大力发展农家乐等新兴产业。顺应城乡经济加速融合和三次产业联动发展的趋势,做大做强以中心镇为依托的区域特色块状经济,促进农村劳动力向非农产业和小城镇转移。全面实施"千村示范、万村整治"工程,启动美丽乡村建设,着力改善农村人居和生态环境。推进以改善民生为重点的农村社会建设,全面实施基本公共服务均等化行动计划,着力构建城乡公共服务均等供给机制。

通过这一时期的改革与发展,浙江农村面貌发生了显著变化,统筹城乡发展水平大大提升。2010 年,全省农民人均纯收入达到11303 元,城镇化率达到 61.6%,基本形成了现代农业加快发展、农村人居环境加快改善、农民收入持续较快增长和城乡居民收入差距逐步缩小的态势,基本完成了农业劳动力大规模转移就业和公共服务向"三农"全面覆盖的任务,构建起以工促农、以城带乡和城乡一体化加快推进的格局。

三、进入城乡融合发展新时代

按照党的十八大提出的城乡一体化和党的十九大提出的城乡融合的要求,浙江牢固树立"全省一盘棋"思想,以更大的力度统筹城乡区域发展,一手抓大都市区带动,一手抓美丽城镇、美丽乡村建设,全省城乡统筹领域不断拓展、层次不断提升、机制日益完善。

坚定不移走新型城镇化道路,统筹城乡发展空间结构、产业结构,构建以都市区为龙头、中小城市为骨干、小城镇为支撑带动广大乡村的城乡协调发展格局。大力推进新型工业化,确定信息、环保、健康、旅游、时尚、金融、高端装备制造、文化八大万亿产业。全面推进"腾笼换鸟、机器换人、空间换地、电商换市",着力培育名企名家名品,加快形成以高端制造业和现代服务业为主体的产业结构。深化互联网技术在工业、农业、服务业等领域的应用,农村工业化、信息化水平明显提高。提升发展高效生态农业,果断打出畜牧业转型升级、化肥农药减量增效、渔业转型促治水、海上"一打三整治"、创建生态循环农业试点省等农业生态建设"组合拳",农业资源利用率全国领先,农业现代化水平加快提升。采取推进农民创业就业、培育农家乐等美丽经济、消除家庭人均年收入 4600 元以下贫困现象、消除集体经济薄弱村、提高农村社会保障标准、提升基本公共服务水平等措施,不断增进农民福祉。坚定不移深化农村改革,农村产权制度,农村土地制度,生产、供销、信用"三位一体"农民合作经济组织体系,农村金融体制等改革取得突破性进展。

2018 年,浙江省城镇化率达 68.9%;农民人均可支配收入达27302 元,城乡居民收入比缩小到 2.036∶1;城乡公共资源均衡配置机制基本建立,生产要素平等交换体制加快建立,城乡一体化向纵深推进。

第二节　优化城乡空间布局

一、都市、城镇和乡村协调发展

在中国新型城镇化推进过程中,要科学定位大、中、小城市和小城镇的各自功能,推动人口、资源要素由大城市向周边中小城市和小城镇有序转移,提升中小城市和小城镇的资源聚集能力、特色发展能力,协同打造优良的生产、生活和生态环境。大、中、小城市和小城镇协调发展,有利于更好地吸纳和转移农村富余劳动力,促进城乡资源要素的双向流动与合理配置,激活乡村内在发展动力,进而带动和促进乡村振兴。

构筑城乡融合的空间形态和发展格局,推动公共资源要素在城市群、大城市、中小城市、小城镇、乡村等区域空间形态上的优化配置。以大城市带动中小城市和小城镇,以中小城市、小城镇疏解承接大城市功能,着力培育中小城市和小城镇的自身造血功能,让不同资源条件、能力的农村人口就近、就地城镇化,充分发挥新型城镇化对乡村振兴和农业农村现代化的带动作用。既要引导务工经商的农民向城镇集聚,加快农业人口市民化的进程;又要鼓励城市的人才、资本等"上山下乡",在资源与要素的流动上打破城乡区隔,实现新型城镇化与乡村振兴的互促共进。

浙江在推进城乡一体化发展的过程中,坚持从省情出发,突出都市、城镇、乡村的协调与融合,以杭州、宁波、温州、金(华)义(乌)等四大都市区和湖州、嘉兴、绍兴、衢州、舟山、台州、丽水等七个区域中心城市为龙头,100个左右的中小城市和200个左右的中心镇为骨干,400个左右的一般镇和4000个左右的中心村为基础,带动其他建制村,形成以"中心城市—县城—中心镇—一般镇—中心村—一般村"为框架的城乡空间布局体系,为乡村全面振兴提供可靠支撑。

二、完善城乡规划体系

以促进城乡融合为导向,坚持规划先行、"多规合一",把农村和城市作为一个有机统一的整体统筹协调,科学编制城乡发展规划,努力形成村庄布局、村庄建设、土地利用、基础设施、公共服务等相互衔接与配套的规划体系,充分发挥规划引领发展、指导建设、调控布局、配置资源的基础作用。浙江制定实施《关于进一步加强城乡规划工作的意见》《关于加快推进县市域总体规划编制工作的若干意见》,科学预测城乡发展规模,合理确定县市域空间结构,统筹布局城乡居民点。2018年底,完成对全省所有县(市、区)的县市域总体规划编制,进一步明确了中心镇、一般镇、中心村和一般村的空间结构、等级规模及基础设施和公共服务设施布局。顺应工业化、城镇化进程中农民职业转移、居住集聚的趋势,按照"缩减自然村、拆除空心村、改造城中村、搬迁高山村、保护文化村、培育中心村"的要求,科学编制村庄布局规划。在规划的引领下,至2018年底,全省建制村从早期的3.5万个减少至2.5万个,占建制镇总数30%的中心镇集聚了60%以上的城镇人口,占建制村总数16%的中心村居住了30%以上的农村人口。

按照村庄布局规划和不同村的区位条件、经济状况、人文底蕴,分类确定村庄的人口规模、功能定位和发展方向。对中心村,吸引人口集聚,辐射带动周边村庄;对一般村,实行环境整治、村庄梳理、有机更新,改善村容村貌;对城中村、城郊村,合理拆旧建新,建成城市社区;对高山偏远村、空心村,实行异地搬迁,搬进县城或中心镇、中心村,实现转产、转业、转身份;对历史文化村,实行保护修建,促进历史古迹、自然环境与村庄融为一体。同时,借山用水,就地取势,秉承传统,努力彰显村庄的特色和个性。

为切实提高村庄规划建设水平、村民建房质量和乡村风貌管控水平,浙江省专门印发《关于进一步加强村庄规划设计和农房设计工作的若干意见》,形成以县(市)域乡村建设规划编制为龙头的"村庄布点规划—村庄规划—村庄设计—农房设计"乡村规划设计层级体系,并编制美丽乡村建设规划、历史文化村落保护利用规划、传统村落保护发展规划等专项规划。到2018年底,全省全面完成县(市)域乡村建设规划编制,修编村庄规划2万多个,实现保留村村庄规划、中心村村庄设计、农房设计"三个全覆盖"。

三、城乡联动打造美丽家园

浙江积极践行"绿水青山就是金山银山"理念,坚定不移地推进生态省建设,共建共享"诗画浙江、美好家园",致力于探索从"绿色浙江"到"生态浙江"再到"美丽浙江"的生态文明科学发展之路,打造"幸福美好家园、绿色发展高地、健康养生福地、生态旅游目的地"。

从2004年起,浙江连续实施"811"生态环保专项行动,大手笔推进平原绿化、生态公益林建设、废矿复绿、水土保持、湿地保护等工程,坚决关停污染企业,下决心淘汰落后产能,强势倒逼产业转型升级,加快推动产业迈向中高端,找到了转型升级的跑道和绿水青山转化为金山银山的路径。浙江经济发展质量、绿色发展水平均位居全国前列。

从2018年起,浙江全面实施"大花园"建设行动计划,开展"人人成园丁、处处成花园"行动,推动高质量发展,创造高品质生活,形成"一户一处景、一村一幅画、一镇一天地、一城一风光"的全域大美格局,建设现代版"富春山居图"。坚持保护为先,严守生态保护红线、永久基本农田、城镇开发边界三条控制线,全力打赢治气、治水、治土、治废等污染防治攻坚战,打造国家公园、美丽山水、美丽城乡、美丽河湖、美丽园区、美丽田园、美丽海岛。树立大文化理念,守好乡愁古韵、树好文明新风。高水平发展绿色产业,打造生态产业平台,培育引进生态龙头企业,创建优质生态产品品牌,推动自然资源和城市乡村大幅增值,把秀丽山水、历史人文、著名景点"串珠成链",变美丽风景为美丽经济。高起点打造现代基础设施网络,加快建设骨干客运枢纽、美丽经济交通走廊、骑行绿道网和水利、信息、能源网络。高品质创造美好生活,让人民群众看见绿水青山、呼吸清新空气、吃得安全放心,在畅游山水意境中涤荡心灵,全力打造"养眼、养肺、养胃、养脑、养心"的"大花园"。

第三节 城乡产业协同发展

一、城乡一体定位产业结构

浙江树立"全省一盘棋"的理念,宜农则农,宜工则工,宜商则商,城乡一体化推进产业空间、结构、功能的优化提升。

大力发展现代农业。全面树立大农业、大食物观念,形成与市场需求相适应、与资源禀赋相匹配的现代农业产业结构和区域布局。在城市周边,立足保障"菜篮子"供给和生活、生态等多功能发挥,以集约化、设施化为特征,重点发展高投入、高产出、多功能的都市型农业。在粮食生产功能区,大力发展粮油产业,加强政策扶持和产业化开发,确保粮食安全。在现代农业园区,重点布局蔬菜、水果、畜禽、食用菌等主导产业,加强农牧衔接配套,延伸产业链,提升价值链。在山区及海岛地区,充分利用气候资源独特、生态环境优良、地方特色明显的优势,鼓励发展精品农业和生态农业。充分利用旱地、水田冬闲田、低丘缓坡地等潜在资源,采用间作、套种、基质栽培、设施农业等模式,积极发展旱粮产业及特色种养业。

走新型工业化道路。制定《浙江省先进制造业基地建设规划纲要》,实施环杭州湾、温台沿海、金衢丽高速公路沿线三大产业带规划。全力抓好实体经济发展,把振兴制造业放在重中之重的位置,加快高新技术制造业的培育发展和传统制造业的改造提升,培育一批具有国际竞争力的创新型龙头企业,实现从制造大省向制造强省的转变。推进工业化和信息化深度融合发展,推动生产方式向柔性、智能、精细转变,加快"浙江制造"向"浙江智造"转型。改变过多依赖低端产业、过多依赖资源要素消耗、过多依赖低成本劳动力、过多依赖传统商业模式、过多依赖低小散企业等情况,大力推进"腾笼换鸟、机器换人、空间换地、电商换市",积极培育知名企业、知名品牌、知名企业家。全面实施小微企业三年成长计划,加快改造提升纺织、服装、皮革、化工、化纤、造纸、橡胶塑料、建材、有色金属加工、农副食品加工和批发零售"10＋1"传统产业,不断提高经济发展的质量和效益。

加快发展现代服务业。提升发展金融、信息、物流、会展等生产性服务业,支持发展养老、家政、教育文化等生活性服务业,做强商品市场、网上市场、省外市场三大市场,推动生产性服务业向专业化和价值链高端延伸、生活性服务业向精细化和高品质转变、先进制造业与现代服务业融合发展。大力推进流通现代化,以流通业变革带动生产方式变革,探索现代物流业发展的科学路径。

深入推进信息化与工业化、制造业与服务业融合发展,加强创新链与产业链衔接,大力培育"互联网＋"新业态,云计算、大数据、物联网、电子商务、软件、信息产品制造等产业快速崛起,蓬勃发展。从2014年起,浙江桐乡乌镇每年举办世界互联网大会。

二、创新发展产业特色小镇

立足推动经济转型升级和城乡统筹发展,浙江蓄力打造产业特色鲜明、体制机制灵活、人文气息浓厚、生态环境优美、多种功能叠加的特色小镇。到2018年底,浙江公布了四批100余个省级特色小镇创建名单,努力建设统筹城乡发展的重要节点、壮大区域经济的重要载体、农民就近转移的重要平台。

特色小镇在浙江出现,有其深厚的理论和实践基础。浙江民营经济发达,创业创新活跃,山水资源充沛,积累了丰厚的民间资本和市场主体发展经验。浙江在几十年时间里创造了辉煌的特色块状经济,要变叠加为嵌入、变重量为重质、变模仿为创新,需要突破性的力量来冲击。国外的特色小镇,如瑞士的达沃斯小镇、美国的格林威治对冲基金小镇、法国的普罗旺斯小镇等,对浙江优化生产力布局颇有启迪。规划建设特色小镇,是浙江沿袭历史传承、符合发展规律的重大创新。

特色小镇不是行政区划单元上的一个镇,也不是产业园区中的一个区。其按照创新、协调、绿色、开放、共享的发展理念,聚焦智能制造、环保、旅游、金融、文化创意等重点产业,明晰功能定位,彰显产业特色,致力于打造独特的产业生态。例如,杭州市余杭区梦想小镇主要打造以互联网技术为依托的创新创业平台,龙泉市青瓷小镇主要发展涵盖艺术瓷、包装瓷、日用瓷、仿古瓷品鉴和瓷文化展示的文化之旅,等等。

围绕独特的产业定位,特色小镇充分利用各自的历史文化和资源禀赋,编制建设规划,力求产业、文化、旅游"三位一体",生产、生活、生态"三生融合",工业化、信息化、城镇化"三化驱动",项目、资金、人才"三落实"。特色小镇突出"小"字,致力于"精而美"。"小",就是集约集成,规划面积一般在3平方千米左右,建设面积一般控制在1平方千米左右。"精而美",就是无论是硬件设施,还是软件配套,都要精益求精,根据地形地貌做好整体规划和形象设计,体现"一镇一风格",多维展示地貌特色、建筑特色和生态特色,建设"高颜值"小镇。要求所有特色小镇建成AAA级以上景区,旅游产业特色小镇按AAAAA级景区标准建设。

特色小镇按自愿申报、分批审核、年度考核、验收命名的创建步骤进行,以"宽进严定"的创建方式推进。在特色小镇规划建设中率先推进审批制度改革,对企业"零地"投资项目,政府不再审批;对企业独立选址项目,审批时间从 100 天缩短到 50 天,并以"区域环评、能评＋区块能耗标准、环境标准"替代项目能评、环评。小镇实行政府引导、企业主体、市场化运作,摒弃"先拿牌子、政府投资(基础设施)、招商引资"等传统做法,以企业为主推进项目建设。对特色小镇实行有奖有罚的土地供给方式,对如期完成年度目标任务的,省里按实际新增建设用地面积的 50％给予配套指标奖励,其中信息、环保、高端装备制造等产业类特色小镇按 60％给予奖励;对三年内未完成规划目标任务的,加倍倒扣省里奖励的用地指标。特色小镇通过考核验收后,对于新增财力上缴省里部分,省财政分年给予返还。

三、加快乡村产业融合发展

随着农村人居环境的改善、城乡居民收入的增加、互联网科技的发展,农村产业形态发生重大变化。浙江省不断拉长产业链、提升价值链、打造供应链、完善循环链,以农业为基本依托、以农产品加工业为基础、以服务业为带动,通过产业相互渗透、要素跨界配置,使农村一二三产有机融合,把更多的加工流通红利留在农村、留给农民。

创新产权结构,以农民合作社功能拓展推进农村一二三产融合发展。鼓励农民合作社在强化生产技术服务的同时,拓展农资供应、产品加工、物流配送、市场营销、资金互助等功能,在合作社内部实行一二三产融合。至 2018 年底,全省有农民专业合作社 4.73 万家,其中县级以上示范性农民专业合作社达 5200 余家;近 6600 家农民专业合作社拥有注册商标,4200 余家合作社通过农产品质量认证,6600多家合作社组织实施农业标准化并建立产品质量追溯制度和产品安全检测体系。引导农民合作社组建区域性联合社,健全农资购销、产品加工、品牌营销、人员培训、财务代理等服务功能,有的联合社还开展信用合作。

创新产业链条,以农产品加工业前延后伸推进农村一二三产融合发展。围绕农业主导产业,培育加工型龙头企业,借助其在技术、信息、销售、资金等方面的优势,打通产业链各环节,构建全产业链。引导加工型龙头企业与种子供应、农业生产、农产品流通等企业,通过品牌嫁接、资本运作、产业延伸等方式进行联合重组,实现一二三产融合。依托农产品产地交易市场做大农产品流通,带动特色农产品扩大生产、提升品质、分工分业,形成完整的产业链条。如松阳县连续多年举办茶商大会,不断做大浙南茶叶市场,茶叶市场2018年交易总额达57.9亿元,成为全国最大的绿茶产地市场,带动本县茶叶基地13万亩(1亩约等于666.7平方米)。

创新服务方式,以农村电子商务推进农村一二三产融合发展。充分发挥互联网技术对农业的带动作用,多元化发展农村电子商务,促进特色优势农业产业、农产品加工流通业和农村旅游业发展。到2018年底,全省累计建成农村电商服务站1.78万个,覆盖了全省68.2%以上的行政村,服务品种和质量大幅提升。2018年,全省农产品网络零售额达667.6亿元,同比增长31.9%,约占全国农产品网络零售总额的29%,位居全国第一。

创新农旅结合,以农家乐休闲旅游业促进农村一二三产融合发展。充分利用农业景观资源,发挥农业的多功能性,突出"吃、住、游、购",大力发展农家乐休闲旅游业,引导发展观光旅游、运动休闲、养生养老、农事体验等业态,推动旅游业与特色种养业、加工流通业、交通运输业、餐饮服务业、文化创意产业等的深度融合。2006 年至 2018 年,全省农家乐接待游客数每年增长 15％以上,直接营业收入每年增长 20％以上。2018 年,全省农家乐休闲旅游业接待游客 3.98 亿人次,营业收入突破 420 亿元。

第四节 推进公共服务均等化

一、健全创业就业服务

浙江省把促进农民创业就业作为保证农民收入持续普遍较快增长的根本途径,全面推广城乡统一的就业政策、就业失业登记制度、劳动力市场、就业服务制度和劳动用工管理制度,不断提升农民创业就业能力,持续拓展农民创业就业领域,切实优化农民创业就业服务,努力形成农民广泛创业、充分就业和共创共富的良好格局。2004 年,在时任省委书记习近平的亲自推动下,浙江省作出实施"千万农村劳动力素质培训工程"的决策部署。2011 年,浙江又启动实施"千万农民素质提升工程"。各级党委、政府把培养和造就一支高素质的新型农民队伍作为乡村振兴的基础性、战略性任务来抓,加强组织领导,健全培训体系,完善政策措施,加大资金投入,培训人数不断增加、质量稳步提升、成效日益明显。2004 年至 2018 年,全省共培训农民超过 1400 万人次。

开展以普及推广新知识、新品种、新技术、新材料为主要内容的农业适用技术培训,有效促进种养大户、家庭农场、农民合作社等主体的培育发展,推动了农业发展方式的转型升级和现代农业的加快发展。以促进农村富余劳动力在非农领域的创业就业为导向,以职业技术学院、企业培训机构等为平台,切实加强转移就业技能的培训,农村劳动力在二、三产业的创业就业技能明显提高,为全省工业化、城镇化加速推进提供了充足的人力资源。以提高科技素质、职业技能和经营能力为核心,以农村生产能手、能工巧匠、经营能人、科技带头人等为重点,大规模开展农村实用人才培训,一支有觉悟、懂科技、善创业、会经营的人才队伍活跃在全省乃至全国城乡各行各业。顺应农民富裕后对精神文化生活需求不断增强的趋势,把提高广大农民的文化素质、文明素养作为农民培训的重要内容,以满足农民求知、求美、求乐、求安、求康的愿望为重点,加强科学文化教育培训,广大农民群众的视野进一步开阔,知识进一步丰富,科学文明、积极向上的风气进一步浓厚。

在规范公共服务向农村延伸过程中,99.7%的建制村设立了城乡贯通的创业就业服务窗口并纳入村便民服务中心管理,信息咨询、技术指导、场所租赁、资金融通、人员培训、工商登记等服务越来越便捷。

二、完善社会保障体系

进入 21 世纪以来,浙江省一手抓社会保障的覆盖面扩大和水平提高,一手抓社会保障的制度完善和城乡接轨,使越来越多的农民享有越来越好的社会保障。2009 年,浙江建立城乡居民社会养老保险制度(2014 年为响应国家政策,"城乡居民社会养老保险"更名为"城乡居民基本养老保险"),这是浙江到目前为止最晚建立的一项社会保险制度,但也比全国统一建立早了五年。这些年来,浙江一方面致力于人群覆盖面的不断扩大,至 2018 年底,全省城乡居民基本养老保险参保人数达 1190 余万人,其中 60 周岁及以上享受养老金待遇的超过 530 万人;另一方面不断提高基础养老金标准。参加养老保险的被征地农民有 629 万余人,其中 158 万余人参加被征地农民基本生活保障,470万余人参加职工基本养老保险。

"十二五"以来,浙江新型农村合作医疗在维持高参保率的同时,逐年提高人均筹资水平,并在全国率先实现城镇居民医疗保险制度与新型农村合作医疗制度的并轨,全省形成了以基本医疗保险为主体、大病医疗保险为延伸、医疗救助为托底、其他保障形式为补充的多层次医疗保障制度。2018年全省城乡居民基本医疗保险参保人数突破3000万人。

率先实行城乡一体的最低生活保障制度,设立了保障绝对贫困人口基本生活的"最后一道防线"。从2018年7月1日起,浙江率先实现县(市、区)域范围内低保标准城乡一体化。特困人员供养、灾害救助、医疗救助、教育救助、住房救助、就业救助和临时救助等社会救助机制不断完善,全省特困人员城乡集中供养率超过90%。

健全面向老年人、残疾人、孤儿等特殊困难群体的各项福利制度,提升城乡社区居家养老服务网点的基本养老服务功能。到2018年底,全省累计建成城乡社区居家养老服务照料中心2.36万个,助餐、配送餐服务对城乡社区的覆盖面达52%。继续扩大残疾人基本生活保障、残疾人康复、重度残疾人托(安)养的覆盖面,按照当地低保标准的30%向符合条件的困难残疾人发放生活补贴,惠及40余万人;为66万余名残疾人提供不同程度的康复服务;进一步健全为残疾学生及困难残疾人家庭子女提供教育资助和就业培训的机制。

三、促进社会事业发展

深入推进城乡教育、卫生、文化等社会事业均衡发展,在进一步改善农村社会事业"硬件"的同时,着力改善农村社会事业"软件",有效提升了城乡社会事业的一体化、均衡化水平。浙江省抓住农村学前教育这一薄弱环节,实施学前教育行动计划。2018年,乡镇等级中心幼儿园覆盖率达到100%,15年教育普及率为99%。着力提高义务教育均衡化发展水平,制定义务教育均衡发展县(市、区)评价标准。2015年,浙江成为全国首批所有县(市、区)通过国家义务教育发展基本均衡县评估认定的五个省(市)之一。2005年在全国率先实施农村中小学爱心营养餐工程,并于2015年起将义务教育学生营养补助标准提高到每生每餐5元。

农村医疗卫生服务从健全体系、扩大覆盖面向优化布局、提高水平拓展。以县级医院为龙头、乡镇卫生院为枢纽、村卫生室为网底的三级基层医疗卫生服务体系,布局不断优化,功能不断健全。到2018年底,全省所有县(市)已经建成至少一所二级甲等以上的医院,公办乡镇卫生院和社区卫生服务中心标准化建设达标率分别为95.0%和89.9%。到2019年10月,全省200余家县级医院和1000余家乡镇卫生院整合为161个医疗共同体。

按照城乡基本公共文化服务一体化的要求,加快推进农村文化基础设施和服务设施建设,不断提升农村公共文化服务水平。至2018年底,全省共建成农村文化礼堂1.1万个,村级文化活动室覆盖率达100%。500多家民间职业剧团、3万多支业余文体队伍、60余万名业余文体骨干活跃在农村文化建设第一线。

四、共享城乡公用设施

浙江不断加大农村基础设施投入力度,促进城镇生活基础设施向农村延伸,农村人居环境得到明显改善。先后启动千万农民饮用水工程、农村饮水安全工程、饮水安全巩固提升工程和农村饮用水达标提标行动,推进城乡供水一体化和区域供水规模化。"十二五"期间,全省改善了 450 余万农村人口的饮水安全条件,农村自来水覆盖率达到 99%;全省城镇供水管网建制村覆盖率达 65%。针对农村生活污水治理建设标准低、自然村覆盖率低、农户受益率低、有效处理水平低、设施正常运行机制不健全"四低一不健全"问题,持续实施农村生活污水治理行动。到 2016 年底,全省完成 2.1 万个村的截污纳管,建设处理终端站点超过 11 万个,敷设村内主管 3.4 万千米,农户受益率提高到 74%。

以建设具有浙江特点的农村公路网、安全保障网、养护管理网、运输服务网"四张网"为主要载体,大力提升农村交通设施建管水平。建设港湾式停靠站,改造"瓶颈路",完善重要路段安保设施(含危桥改造),打造安全、便捷、畅通的美丽乡村公路。到 2018 年底,全省农村公路里程达 10.77 万千米,占公路总里程的 89.3%;农村公路密度达每百平方千米 106 千米,农村公路中等级公路的比例达 99.7%;全省建制村客车通达率达 100%,建成农村港湾式停靠站 3.4 万个,安装卫星定位装置的农村客运车辆 1.3 万辆;全省城乡道路客运一体化平均发展水平达到 AAAAA 级。成功创建安吉县、柯桥区、海宁市、桐庐县、浦江县、象山县六个"四好农村路"全国示范县,总体水平居全国前列。

加快农村电力设施改造升级。按照安全可靠、绿色智能、和谐友好、优质高效的要求,对农村电网开展大规模建设和改造。"十二五"期间,对全省 110 千伏及以下的农村配电网累计投资 424 亿元,完成对村集体所有农村排灌线路的全面接收和改造,全面消除与主网联系薄弱的县域电网和"低压电"农村用户。2015 年,农村电力用户年平均停电时间比 2010 年缩短 21.9 小时。2016 年起,进一步加大专项建设投资力度,加快推进新一轮农网改造工程,提高农村电网安全供电能力和智能化水平。

加强农村信息基础设施建设。实现光纤网络（20Mbps）建制村全覆盖、4G网络主要建制村基本覆盖。"三网融合"扎实推进，全省有线电视乡镇和建制村通达率均为100%，整体转换完成比例为99%，双向化网络覆盖的比例达到95%以上。加快国家农村信息化示范省建设，建成浙江省现代农业地理信息系统、浙江农业信息网、网上农博会等一批互联网信息平台。

不断完善农村电商和物流服务体系，助推"工业品下乡、农产品进城"。至2018年底，全省累计发展商超型农村电商服务点2.45万个。通过邮乐网、微平台、EMS"极速鲜"规模化、标准化运作，建成"从田头到餐桌"的运营服务链。推进城乡邮政服务网点改造，拓展农村电商服务站点、村邮站服务功能，提供送报、送信、送邮件、代收代缴电费、代理汇款取款、代售机票车票等便民服务，实现"乡乡有网点，村村通快递"。

◆◆ 思考题

1.改革开放以来浙江统筹城乡发展的主要特征是什么？

2.从浙江省情来分析，优化城乡空间布局要突出哪些重点？

3.城乡产业协同发展要从哪些方面着力？

4.如何把握推进城乡公共服务均等化的主要内容和工作重点？

第二章 乡村产业振兴

◆◆ **内容提要**

    全面实施乡村振兴战略,产业兴旺是第一位的任务,是解决农村一切问题的前提。浙江省把高质量发展乡村产业放在实施乡村振兴战略、建设"两个高水平"的突出地位,优先发展乡村产业。浙江立足农业农村资源实际,坚持农村基本经营制度,壮大农业经营主体,发展高效生态农业,保障粮食安全,培育乡村美丽经济,加强农业科技支撑,形成了适合自身特点的产业发展模式,激发了乡村经济发展的活力,实现了农业与农村的高质量发展。

    2003 年,时任浙江省委书记习近平提出发展高效生态农业要求,指出高效生态农业以绿色消费需求为导向,以提高市场竞争力和可持续发展能力为核心,兼有高投入、高产出、高效益与可持续发展的双重特征。在省委专题学习会上,习近平同志强调:"农业生产性收入是农民收入的重要组成部分,农民增收仍然可以依靠农业,农业本身还是大有可为的,全面提高农业综合生产能力,加快建设高效生态的现代农业,促进农业生产方式由粗放型向集约型转变,完全可以提高农业的生产效率,进而提高农业附加值,使农民通过经营农业来增收。"[①]在 2006 年 1 月全省农村工作会议上,习近平同

---

    ① 习近平.干在实处 走在前列:推进浙江新发展的思考与实践[M].北京:中共中央党校出版社,2006:174-175.

志在讲话中要求:"以新型工业化来带动农业现代化,以现代产业发展的理念经营农业,以先进的装备设施来武装农业,以农产品加工流通的龙头企业来带动农业,积极鼓励和引导工商企业特别是民营企业投资农业。"①10多年来,浙江正确处理高效与生态、高效与粮食、高效与农业多功能性等的关系,坚持市场导向,依靠科技创新,培育农业主体,较好地破解了农业制度供给中长期存在的问题,提高了农业发展质量。浙江省2006年印发《浙江省高效生态农业发展规划》,按照战略产业、主导产业、新兴产业三大类来规划农业,分类提出产业发展目标、重点和措施。2008年,浙江省委出台《关于认真贯彻党的十七届三中全会精神加快推进农村改革发展的实施意见》,以粮食生产功能区和现代农业园区"两区"建设为主要载体,积极探索城乡统筹发展现代农业机制。近年来,浙江以承担全国首个现代生态循环农业发展试点省、首个农产品质量安全示范省、首个省部共建乡村振兴示范省等"国字号"试点示范省创建为动力,扎实推进农业供给侧结构性改革,注重保证粮食安全和主要农产品供应,因地制宜发展农村特色产业,推进一二三产业融合,创新美丽经济新业态,走出了一条具有浙江特点的现代农业高质量发展道路。

第一节 坚持农村基本经营制度

一、土地承包经营权流转

20世纪八九十年代,浙江省在实行以家庭承包经营为基础、统分结合的双层经营体制的前提下,制定政策鼓励土地流转,发展粮

---

① 习近平.干在实处 走在前列:推进浙江新发展的思考与实践[M].北京:中共中央党校出版社,2006:155.

食生产和多种形式的适度规模经营。进入 21 世纪以后,浙江出台多个文件,要求各地积极探索土地流转模式,规范土地流转行为。《中华人民共和国农村土地承包法》《中华人民共和国农村土地承包经营纠纷调解仲裁法》的颁布,将土地流转纳入法制化轨道。浙江进一步完善了土地流转及纠纷调处机制,土地流转呈现良好的发展态势。截至 2018 年底,全省土地流转总面积达 1080 万亩,占总承包耕地面积的 58.8%;涉及流出土地农户 440 万户,占全省家庭承包经营农户总数的 49.2%。流转率处于全国前列。

　　浙江省土地流转的主要特点:一是流转机制市场化。流转双方以市场为导向,根据供求状况和所经营产业的经济效益,在自愿的基础上协商确定土地流转价格、期限。流转给种粮大户的,一般每年每亩约为 500 斤稻谷(按市场价折算)。流转后用于种植经济作物的,土地流转价格相对较高,如流转种西瓜的,每年每亩在 1000 元以上;流转种葡萄的,每年每亩甚至超过 2000 元。二是流转形式多样化。由早期农户间的代为耕种、无偿出租、"倒贴"转包等自发流转,逐步发展到有偿转包、出租、转让、土地股份合作等多种流转方式。其中,转包和出租因灵活性大、操作性强,已成为流转主要形式。近年来,以土地承包经营权入股成立农民专业合作社的流转方式明显增多。三是流转经营规模化。随着农业结构调整和高效生态农业发展,流转土地进一步向规模化发展。2017 年,全省通过土地流转形成 10 亩以上经营面积的大户和其他经营者占 79.1%,其中,面积在 100 亩以上的占 42%,流转期限在 5 年以上的占 44.9%,流转给专业大户、家庭农场和农民专业合作社的占 66.1%。四是流转管理规范化。随着土地流转价格提高、规模扩大、时间延长,合同交易方式被普遍采用。到 2017 年底,全省签订土地流转合同的土地面积达 750 万亩,占土地流转总面积的 71.4%;涉及土地流出农户 327 万户,占流出土地农户总数的 74%。

为提升土地流转的服务和管理水平,2004 年浙江就开始组织开展土地承包信息化管理试点。到 2010 年,全省大多数县实行土地承包信息化管理,通过对土地承包方案、合同、权证、登记簿等档案资料进行核准,逐步促进档案数字化建设,建立健全了农户土地承包信息台账。2018 年,浙江全面完成了农村土地承包经营权确权登记颁证工作,进一步夯实了土地流转的基础。《中华人民共和国农村土地承包经营纠纷调解仲裁法》出台后,浙江省建立并完善了协商、调解、仲裁、诉讼"四位一体"的土地承包和流转纠纷解决机制,制定全省统一的土地承包经营权转包(出租)合同、互换合同、转让合同、入股合同、委托流转合同以及流转登记册系列文本的格式。各县(市、区)、乡镇、村成立土地流转服务组织,主要收集发布流转土地资源信息,开展中介协调和合同鉴定,指导土地承包经营权流转价格,审查规模经营主体资信情况和经营能力,同时负责土地流转后的跟踪服务及纠纷调处,提供法律政策宣传咨询,等等。

探索土地承包经营权抵押贷款。2009 年,温岭市率先出台《农村土地承包经营权流转贷款管理暂行办法》,允许取得农村土地经营权的农业经营主体向相关部门办理质押登记和贷款申请。海盐县规定可将取得的流转土地经营权及地上附着物作为担保抵押,由农村商业银行向抵押人发放贷款。到 2017 年,慈溪市、海盐县等 10 个经国家批准的试点县,抵押贷款余额达到 21.1 亿元。

通过农村土地流转,浙江省既巩固了家庭承包经营制度,又进一步完善了统分结合的双层经营体制,促进了农业增效、粮食增产、农民增收。到 2017 年底,全省流转土地在 10 亩以上的种粮大户经营面积达到 468 万亩,土地流转已成为稳定粮食生产的重要依托。土地流转收入成为农民重要的财产性收入,全省 1000 余万亩流转土地,按平均每亩流转价格 500 元计算,每年全省农民直接获取的土地承包经营权财产性收入就超过 52 亿元。每年都有大批工商资本进入农业,形成了以国家投入为引导、社会资本投入为主体的新型农业投入机制。

二、林权制度改革

浙江省"七山一水两分田",林地资源丰富。1981 年,浙江在全国率先开展稳定山权林权、划定自留山、确定林业生产责任制的林业"三定"工作。2006 年,根据中央的部署,浙江省全面组织山林延包工作,进一步明晰了产权。到 2008 年,全省率先完成了林权制度改革,对以前划分的自留山、责任山和集体统管山,重新界定和确认"四至"界线,统一延长承包期限,全面签订规范的承包合同,颁发全国统一的林权证。在尊重历史事实、保障林农实际利益的基础上,调解处理了大量遗留的林权纠纷,林业经营制度进一步完善,实现了"山有其主、主有其权、权有其责、责有其利",这极大地激发了广大林农保护生态资源、发展现代林业的积极性。

按照依法、自愿、有偿的原则,在不改变林地所有权、承包权和性质的前提卜,大力推进林地流转。流转形式主要有:一是面积小的宜林荒山、采伐迹地、火烧迹地,一般采取林农承包的经营方式,期限以一轮周期为主(25～30 年),承包期内,按比例上交承包款。二是共同合作经营的方式,国家、集体或个人以林地、资金、劳力、技术等要素参股合作经营,山权不变,林权共有,统一经营,按股分利。三是由集体向社会发包租赁,收取林地租金。集体统管山一般采用分年交租金的形式，这既可加强集体林地经营管理，又可缓解租赁者暂时资金不足的压力。四是委托大户管理或组建乡村林场，由营林大户（林场）负责管理，林农与营林大户（林场）的收益按比例分成。

采取多项措施，努力促进林权资产化，使绿水青山成为金山银山。鉴于山区林农有资源缺资金、信息不畅等问题，浙江省以山区县为重点，积极构建林权交易平台，促进资源变资本。林权交易机构与金融机构合作，与担保、评估、保险公司实现业务互通，积极开展林权抵押贷款服务业务，为林农提供一站式服务。浙江先后出台《关于开展森林资源资产抵押贷款支持我省林业发展的指导意见》《浙江省农村合作金融机构森林资源资产抵押贷款管理暂行办法》等，创新多种林权抵押贷款模式，有效破解了林农"贷款难"的问题。截至 2018 年底，全省累计发放林权抵押贷款超 400 亿元，贷款余额超过 100 亿元；共有 8600 多家非公有制单位投资林业，累计投资近 600 亿元，有力促进了林业生产的基地化、规模化、集约化、现代化发展。

三、农村集体经营性资产产权制度改革

农村集体财产包括资源性资产、经营性资产和非经营性资产。属于资源性资产的耕地、山林已全面实行家庭承包经营，非经营性资产主要承担提供公共服务的功能。农村经营性资产与农民的利益紧密关联，但往往因处于"人人有份又人人无份"的状况而利用效率较低，农户也会担心自己的权益受到影响而不愿真正融入城镇，农村大量土地征用费如何分配的问题更是成为基层干部的"烦恼"，甚至影响农村安定。

农村集体资产是 20 世纪 50 年代合作化时期农民带着土地改

革时分配的土地加入农村集体经济组织而形成的,并经几代人的共同努力而增长,理论上对此形成并壮大作出贡献的人及其劳动付出都有份额。在全面开展清产核资的基础上,各地按人口股与劳动贡献股来设置股权。但由于劳动贡献很难计算,实践中大多采用"农龄股",即根据达到劳动年龄(一般是 16 周岁)后户籍在村里的年份进行计算。早在 2005 年,浙江省就印发《关于全省农村经济合作社股份合作制改革的意见》。之后,省农业主管部门制定《浙江省村经济合作社示范章程(试行)》。2017 年,浙江省在全国率先完成农村集体产权制度改革,99.5%的村对经营性资产进行了股份制改革,共量化资产 1150 余亿元;当年实现经济总收入 423.5 亿元,其中股金分红 60.3 亿元。

农村集体经济组织实行股份合作制改革后,原村经济合作社的名称变更为村股份经济合作社,并按人(股东)或家庭发放股权证,村经济合作社管委会变更为董事会,社监会变更为监事会;社员变为股东,社员与村集体资产的关系被分离,农民凭股权证到村里开股东会、领分红,也完全可以到任何地方购房、入户。这有利于推进城镇化,完善农村集体经济组织内部的治理机制,形成产权清晰、权责明确、运行规范、管理高效的经营机制,加强了广大社员对村级集体经济发展的关心;也有利于农村治理,如果集体土地被征收,土地征用权益的分配有统一的依据。

四、探索农村集体经营性建设用地入市

党的十八届三中全会通过的《中共中央关于全面深化改革若干重大问题的决定》提出,建立城乡统一的建设用地市场。在符合规划和用途管制的前提下,允许农村集体经营性建设用地出让、租赁、入股,实行与国有土地同等入市、同权同价。2015 年,浙江省德清县作为全国试点,开展农村集体经营性建设用地入市改革,围绕同权同价、流转顺畅、收益共享的总体要求,赋予集体经营性建设用地完整权能,建立城乡统一的建设用地市场,在"谁来入市、哪些地入市、怎么入市、钱怎么分"四个核心问题上作出了积极探索。

尊重农民集体主体地位,分类明确"谁来入市"。德清县在全面完成集体土地所有权确权登记发证的基础上,创立了自主入市、委托入市、合作入市三种实现形式。乡镇集体建设用地由乡镇资产经营公司等全资公司或其代理人实施入市,村集体建设用地由村股份经济合作社实施入市,村民小组建设用地可委托村股份经济合作社等代理人实施入市。鼓励交通不便的偏远地区的集体经济组织与集中入市区块的集体经济组织合作,建立土地股份合作社,资源互补、共同入市、收益共享。严格规划管控,确定"哪些地入市"。通过"多规合一",将所有入市地块的坐落、"四至"、权属纳入国土资源"一张图"进行管理,公开公示,让农民知情。坚持市场配置资源,解决"怎么入市"。允许集体经营性建设用地使用权出让、租赁、作价出资、入股或者抵押,实行集体经营性建设用地入市交易平台、地价体系、交易规则、登记管理、服务监管"五统一",实现了土地市场运行标准化和规范化。注重收益共享,处理好"钱怎么分"。收益主要由集体经济组织享有,出让、租赁集体经营性建设用地的应按成交地价总额,以入市土地所属区块(县城规划区内、乡镇规划区内、其他地块)和用地类别(商服类、工矿仓储类),缴纳不同比例调节金,调节金主要用于土地前期整理、基础设施配套建设和农村环境提升等。

德清县农村集体建设用地入市改革取得了"多赢"的效果。一是壮大了农村集体经济组织的经济实力,增加了农民收入,使原来一些经济薄弱村成了富裕村。截至 2019 年 2 月,德清县已入市 193 宗集体经营性建设用地,面积 1441.6 亩,成交金额 3.54 亿元,集体经济组织收益 2.87 亿元,惠及农村群众近 18 万人,覆盖率达 65%。二是通过集体经营性建设用地入市,拓展了农村产业发展空间。一批精品酒店、乡村民宿、小微企业创业园、农产品精深加工企业、农贸超市等项目,替代了原有的小砖厂、小矿山、小化工等落后低效产能项目,农村经济发展活力涌现,有效投资加大。三是提高了土地节约集约利用水平。通过整合零星分散的集体建设用地,村庄布局得到优化,环境得到整治,土地利用效率也明显提高。

第二节　壮大农业经营主体

一、农业经营主体的主要形式

劳力、土地、资金、技术是农业生产的"四要素",唯有组织制度才能将"四要素"有机组合起来,从而形成现实生产力。培育农业经营主体就是将各种经济组织制度引入农业各产业和生产经营各环节中来。当前的农业经营主体除家庭承包农户外,主要有专业大户、家庭农场、农民专业合作社、农业企业。

专业大户。专业大户是指通过土地流转形成较大经营规模、专业从事某一种农产品的生产经营者,其投入和生产以家庭人员为主,无须工商注册。专业大户最早随着土地流转开始而产生,对粮食增产、农业增效、农民增收作出了特别的贡献。专业大户在 20 世纪末至 21 世纪初最为普遍,目前仍是最主要的农业经营主体之一。

　　家庭农场。一般将具有一定经营规模,主要靠家庭人员生产经营,农业收入在家庭收入中占主要比例的农户称为家庭农场。其主要特点:一是出资者和经营者主要是家庭成员,这是核心内涵;二是要经过工商注册,这是它与专业大户的根本区别;三是主要从事农业生产经营,包括从事种植业、养殖业或农牧结合的多种经营。家庭农场可以按多种形式进行工商注册,可以是个体私营企业或合伙制企业,也可以是公司制的法人组织。

　　农民专业合作社。合作社的基本特征是"共同拥有、共同管理、共同享用",它是世界各国农业发展普遍采用的一种生产经营组织制度,在很长一段时间内几乎是我国农业唯一的生产经营组织。农民专业合作社是农业专业化生产、社会化服务的产物,浙江产生了全国最早的经工商登记的农民专业合作社、最早的农民专业合作社地方性法规。成立专业合作社的条件很简单,只要由五个以上的出资人共同发起,制定一个章程,就可到工商局免费进行登记。专业合作社的根本特征是"统分结合、双层经营",大致有三种类型:一是全体社员统一生产经营,共同服务;二是社员分头生产,专业合作社从产前购买农业生产资料到产中技术服务再到最后的统一品牌销售,全程统一服务;三是社员分头生产、各自服务,专业合作社在某一环节实行统一服务,如统一购买生产资料,可以发挥"团购"优势,降低采购价格。要办好专业合作社,应当突出主导产业或主导产品,需要既有驾驭市场的能力、又有带领大家共同致富意愿的"能人"来牵头领办。

　　农业企业。公司制的基本特点是出资者和从业者可以不同,出资者是老板,拿的是利润;从业者是工人,领的是工资。出资者中,谁出资多,谁就是董事长;赚来的利润,按出资份额进行分配。

成立农业企业是有志于农业发展的个人或组织常用的一种组织制度,也是农业领域大众创业、万众创新普遍采用的一种办法,更是工商资本投资农业采取的主要形式。

农业经营主体除了以上四种形式外,还有民办非企业单位,如民办的农业研究所、民办的农业培训中心,以及民间组织如农产品行业(产业)协会、学会、研究会等。这些主体都以不同方式参与农业生产经营或为农业提供服务。此外,国有及集体农(林)场也是农业生产经营主体。

二、合理选择农业生产经营方式

家庭承包农户和专业大户、家庭农场、农民专业合作社、农业企业组成的"一基础四骨干",是构成农业经营体系的主要力量。在实践中,采用何种组织形式主要看其是否有利于节省成本、提高效益,而这又与农业产业特点、生产规模和经营管理水平紧密相关。

专业大户与家庭农场相比较。专业大户形式最简单,不用配会计、出纳,最多记个流水账,产品自产自销也都免税,但只能享受政府的粮食直补等普惠制政策,而对于一些需实行申报制的支农项目无能为力,在品牌经营上也是如此。家庭农场首先要注册登记,可以在银行开户,以良好的信用跟其他组织签订产销合同,还可以申请有关部门给予的项目支持。专业大户是基础,只要有志于扩大农业生产规模的农户都可以采用,而家庭农场是专业大户的高级形式。培育家庭农场要优先从专业大户中选择,鼓励专业大户经工商登记改造提升为家庭农场。

农民专业合作社与农业企业相比较。从农业生产经营来看,公司制并不优于合作制,这主要由农业生产特点决定。农业是自然再生产和经济再生产的统一,生产季节性强、生产周期长,不用像工业企业一样必须建造固定的厂房、招收固定的工人,农忙时大家出力,农闲时只要一个或几个人管理就可以。一般来说,劳动密集型、土地密集型农产品的生产,多选择合作制;技术密集型、资金密集型农产品的生产,多选择公司制。例如,生产鲜活农产品的一般选择合作制,而生产加工型农产品的一般选择公司制;提供农业生产性服务的多选择合作制,而提供营销、物资供应服务的往往采用公司制。

农业生产经营的各种组织制度并不是对立的,实践中更多的是多种组织制度交织在一起。如家禽业产业化经营过程中,在种禽环节用家庭农场形式比较好,在养殖环节多选用专业合作社,而在屠宰(加工)环节则采用公司制。又如茶叶生产加工中,在茶园管理和青叶采摘中选用合作制为好,而在茶叶加工环节宜采用公司制。当然,农业公司与其他公司之间完全可以合资组建新的公司,专业合作社也可以与其他组织共同出资成立新的经济组织。

三、推进生产、供销、信用"三位一体"合作

构建生产合作、供销合作、信用合作"三位一体"农民合作经济组织体系,是一项重要的农村综合改革。2006年,时任浙江省委书记习近平直接部署推动在浙江省开展"三位一体"合作经济改革。到2017年,浙江省已全面组建省、市、县、镇(乡)四级农民合作经济组织联合会(简称农合联)。农合联是一种以农民专业合作社为主体、各种农业生产经营服务组织为骨干的联合组织,普遍在民政部门进行登记。各级农合联有两项基本制度:农民合作基金和资产经营公司。农民合作基金主要由政府出资,为为农服务事业提

供资金保障;资产经营公司由农合联成员单位出资,主要是整合资源,兴办为农服务设施,增强为农服务的综合实力。

农合联的主要职责是牵头组织农业社会化服务,以加强农业服务来促进乡村产业兴旺。农合联具体承担三种角色:一是农业服务需求的"调查员",重点了解农业社会化服务中不平衡不充分的内容。二是农业服务推进的"组织员",针对农业社会化服务中存在的不足,积极提供供销社自身的优质服务,组织农合联成员互相开展服务,协调有关方面开拓新的服务。三是提供生产经营的"服务员",对不同农业主体在生产经营中的问题和需求,提供相应的服务,促进农业服务精准化。

从实践来看,农合联在多方面发挥了积极作用。一是完善了服务体系。农合联牵头承办和运营各类农产品营销网络、农业担保公司、农民资金互助会,有效解决了农民的销售难、贷款难等问题;健全农资服务、粮食加工储备、水稻育秧、农机服务、农民技术培训体系,大大提高了服务效率。二是增强了服务能力。农合联参与建设乡镇农业综合服务中心,建设农产品批发市场和直供门店,合作成立种子公司,统一进行优良品种培育、繁殖、推广,提高了基层的服务能力。三是提升了服务质量。农合联探索专业性服务模式,建成一批新型庄稼专科医院,开展技术指导、测土配方、农资供应等服务,有效降低了农民的支出成本;带动粮油专业合作社发展,提供涵盖"耕、种、管、收、加、销"的一体化"田保姆"服务。

四、培育新型职业农民

浙江省从 2010 年开始就出台了一系列鼓励和支持大学毕业生从事现代农业的政策。到农民专业合作社就业或自主在农业领域创业的全日制大专以上院校毕业的大学生,在享受创业政策的基础上,省政府再连续三年、每年给予 5000 元到 1 万元不等的补助。对本省籍大学生就读农林院校种养专业的免学费;对已在农业领域的年轻人,实行统一考试、单独录取、函授教育,所需经费由政府开支。办好农民大学、农民学院,改革职业农民培养方式,将职业农民分为农业经营者和实用技能人才,更好地增强培训效果。每年举办大学生农业就业专场招聘会、创意大赛等活动,吸引大学生从事现代农业。培育发展农创客、"农二代",到 2018 年底,全省已吸引 6000 多名大学生在农业领域创业创新。

探索开展新型职业农民职称评定。以往农业高级职称评审主要面向事业单位技术人员,职业农民中通过农业高级职称评审并取得证书的极少。为提高农业生产经营主体从事农业科技创新的积极性,培养更多生产经营管理一线的科技创新与应用人才,2017 年,浙江省深化农业职称制度改革,打破户籍、地域、身份、人事关系等限制,将新型职业农民纳入农业系列职称评审范围,实现评审并轨、证书统一。职称评审中,淡化对论文数量的要求,将技术工作总结、项目实施方案、试验评估报告等技术成果以及对农户的带动效应和取得的经济社会效益作为评价的重要内容;专题报告、发展规划、技术方案、试验报告等经有关部门认可采纳的,视同论文;"浙江农业之最"创造者或主要技术指导者、"浙江省职业技能大赛优秀选手"等荣誉称号的获得者、被聘为省市农业产业技术团队专家的乡土人才等可破格申报。到 2018 年底,浙江通过高级职称评审的新型职业农民共有 104 人。

组建浙江农艺师学院。2017 年 12 月,省政府决定,由省农业农村厅和省农科院共同筹建浙江农艺师学院。学院以农业农村发展需求为导向,以农业领军人才、现代职业农民、农创客为培育目标,以高层次、复合型和精准化培育为办学理念,以农业技术系列职称评审和农业行业职业技能鉴定为教育特色,以全面提升学员实践创新与经营管理能力、专业技术与职业技能水平为培养重点,致力打造高层次农业专业技术人才教育培养和职业技能培训基地。学院以全省示范性农民专业合作社、示范性家庭农场、农业龙头企业的负责人与技术骨干,浙江农民大学优秀学员,高校毕业生农创客,涉农企业高管以及农业生产技术骨干等为培养对象,采用"专业研修＋技能鉴定｜职称评定"贯通培养模式,为农业从业人员提供继续教育和能力提升的公共平台。

第三节　发展高效生态农业

一、农业主导产业兴旺

浙江省立足本省资源禀赋,2003年制定《浙江省特色优势农产品区域布局规划(2003—2007年)》,提出在努力稳定粮油、远洋渔业战略性产业的同时,大力发展蔬菜、茶叶、果品、畜牧、水产养殖、竹木、花卉苗木、蚕桑、食用菌、中药材十大主导产业,因地制宜发展休闲观光农业、农家乐等新兴产业,加快培植各具特色的产业群和产业带。面对污染治理的新要求,2016年,组织实施畜牧业特色产业振兴三年行动计划,重点支持湖羊、蜜蜂等特色产业。2018年,启动实施种植业"五园"创建,突出打造生态茶园、精品果园、放心菜园、特色菌园、道地药园省级示范基地。通过这些措施,浙江农业主导产业实现较快发展,优势进一步凸显。2002—2017年,全省蔬菜等十大主导产业的产值增长了190.1%。2018年,主导产业的产值超过2200亿元,占全省农林牧渔总产值的71%。

二、畜牧业转型升级

以养猪为重点的畜牧业是浙江农业主导产业之一,也是一些地方农民增收的主要来源,但一度存在因过量养殖、粗放养殖导致环境污染严重的问题。实现畜牧业绿色发展,最关键的是解决好畜禽粪污资源化利用问题,最有效的路径是农牧结合、生态循环。浙江针对发展生态循环农业与推进畜牧业转型同时发力,2016年10月,农业部批复同意浙江创建畜牧业绿色发展示范省。浙江坚持疏堵结合,在全国率先重新划定畜禽养殖禁限养区并完成禁限养区、养殖过载区养殖户的关停转迁,并在西南山区等宜养区域规划建设了一批高水平的绿色生态牧场。坚持主体优化,对全省保留下来的规模猪场,全部按"一场一策"要求,完成养殖污染治理;对年出栏5000头以上的猪场,全面完成设施化提升改造。坚持农牧结合,全省90%以上的规模猪场采取农牧结合养殖模式。2018年,全省畜禽养殖废弃物资源化利用率达88%以上,超过国家要求全国2020年达到75%以上的目标。突出业态创新,鼓励养殖、屠宰、饲料等龙头企业向产业链上下游延伸发展,按"洁化、绿化、美化"要求,建设美丽牧场;支持一批沼液储运、疫病综合防控等生产性服务的主体,在全国率先建立"统一收集、集中处理、保险联动"病死动物无害化处理机制。坚持依靠科技,推出科学养猪八大模式和一批节水节粮减药减臭技术,推广自动化喂料、自动化清粪、智能化控温等现代设施装备,注重环保型饲料和高效低毒兽药使用,提升科学饲养水平。

三、发展林地特色经济

浙江以占全国2%的林地面积,创造了约占全国8%的林业总产值,形成了门类齐全的林业产业体系。积极创造乡村林业产业发展条件,以森林覆盖率70%以上的行政村或自然村为单位,以林特业生产基地为基础,建设融森林文化与民俗风情于一体,提供吃、住、游、购等服务,一二三产融合发展的森林人家,进一步打开绿水青山转化为金山银山的通道。大力发展乡村绿色富民林业产业,推进林业产业转型升级,到2017年底,全省油茶、山核桃、香榧等木本油料的种植总面积达420余万亩,产值超80亿元,竹业总产值达470亿元。拓展打通乡村林业产业外向渠道,2008年以来每年举办中国义乌国际森林产品博览会,各地举办森林旅游节、花木节等,带动乡村林业产业发展。2017年,国家林业局将浙江列为全国首个现代林业经济发展试验区,着重在新型林业经营主体培育、林产品品牌建设、林业金融支持、林业富民能力提升等方面进行改革创新,推动形成主体协作紧密、产业链条完整、利益联结高效、竞争能力较强的现代林业经济发展模式。

四、渔业绿色发展

浙江河流湖泊众多,海域面积广阔,多年来,按照养殖业提质增效、近海捕捞业压减产能、远洋渔业拓展、一二三产融合发展的思路,引领渔业绿色发展。在内陆河湖大力推广循环水养殖等节能减排、节地节水的养殖模式,在沿海区域发展浅海贝藻、鱼贝藻间养和全浮流紫菜养殖等碳汇渔业及深海网箱(围网)建设。实行以水养鱼、以鱼治水,水库、河道全面拆除网箱,推广洁水渔业,划定水产养殖禁限养区,整治乱用药、施肥养鱼、尾水直排等行为。充分发挥海岛、渔港、渔村等自然资源优势和民俗文化等人文资源优势,满足游客"吃渔家饭、住渔家屋、干渔家活、享渔家乐"的需求,建成一批渔味浓厚、渔文化丰富、渔旅结合的最美(特色)渔村。到2017年底,全省拥有各类休闲渔业经营主体超过2400个、从业人员 2 万余人、休闲渔船 780 余艘,休闲渔业总产出 24 亿元,接待游客人数超过 1200 万。重点扶持远洋渔船更新改造、国内外配套基地建设、远洋渔场探捕、国际渔业合作和信息化管理服务体系建设,开展渔具装备和适用技术研究。2018 年,全省直接从事远洋渔业的渔民达 1.6 万余人,远洋渔业企业数、渔船数和产量均占全国的 1/4。

五、培育全产业链经济

浙江以发展农业产业化经营为主线,围绕粮油、蔬菜、果品、中药材等主要农产品,积极发展加工业。持续开展县级以上农业龙头企业培育认定,统筹支农资金向重点产业、农产品加工业倾斜,鼓励和支持符合条件的重点龙头企业在境内外上市融资、发行债券,增强带动能力。到 2018 年底,全省有县级以上农业龙头企业近 6000 家。

围绕现代农业园区、特色农业强镇、"一村一品"示范村镇等特色农业优势区,支持龙头企业布局原料基地和农产品加工业。发挥各类出口企业的集聚优势,重点发展主食、休闲食品、速冻食品、药食同源产品和净菜加工。引导农产品精深加工技术研发、成果转化对接,集成推广生物、环保、信息等技术,推进农产品加工业数字化转型。加强农产品加工、储藏、物流等关键环节的建设,促进纵向产业链条延伸和横向产业融合。依托全产业链,健全小农户融入大产业利益链接机制,在畜牧业方面探索采用代养、合作、参股等形式,推动小农户参与现代畜牧生产,分享绿色发展红利。到 2018 年底,全省累计建成茶叶、水果、畜牧、竹木等 68 条单条产值超 10 亿元、总产值超 1500 亿元的示范性农业全产业链,带动产业集聚发展。

深化农业"走出去",到省外、境外下订单、建基地,在全球范围配置农业资源。据不完全统计,全省已有 1200 多家农业企业、40 多万农民在省外建立各类农产品生产基地 2400 万亩,对外投资合作项目遍及亚洲、美洲、欧洲等地几十个国家和地区。其中,温岭农民"追着太阳种西瓜"堪称范例。20 世纪 90 年代起,温岭市农民成功探索出大棚、地膜避雨、稀栽等模式种植西瓜,大胆"走出去",通过抱团合作、产供销一体等方式,利用全国各地乃至国内外的地理纬度差异"追着太阳种西瓜"。目前,台州有 6 万余名瓜农在外种植西瓜,涉及 20 多个省份,甚至远赴缅甸、越南、柬埔寨等地,种植面积达 100 多万亩。

第四节　保障粮食安全

一、建设粮食生产功能区

面对人多地少的省情,浙江始终把稳定粮食生产放在重点位置,坚持藏粮于地、藏粮于技,从划定和管护好粮食生产功能区入手,保护粮食生产能力,加强对粮食生产的政策支持。2006 年 3 月,习近平同志在浙江省委专题学习会上强调,粮食生产任何时候都不能放松,解决吃饭问题始终要靠农业,指出:"农产品的收入弹性比较小,特别是粮食收入弹性更小,为解决谷贱伤农、增产不增收的问题,确保粮食安全和农产品的有效供给,对粮食等重要农产品还需实行价格保护,也需要政府财政的投入。"[1]

2008 年,省农业厅开始探索粮食生产功能区建设机制,之后上

---

① 习近平. 干在实处 走在前列:推进浙江新发展的思考与实践[M]. 北京:中共中央党校出版社,2006:176.

升为省委、省政府工作部署。2010年,浙江出台《关于加强粮食生产功能区建设与保护工作的意见》,明确提出粮食生产功能区要选择适宜种植水稻、地势平坦、田面平整、相对集中连片面积100亩(山区50亩)以上的标准农田进行建设,做到粮食生产功能区内每年至少种植一季粮食,且原则上十年内不得用于其他项目建设。完善种粮激励约束机制,加大对功能区内种粮规模主体的扶持和种粮保护补偿力度。在功能区内种植多年生作物、苗木和挖塘养殖水产的,不得享受耕地地力保护补贴;发展非粮食类设施大棚的,不得享受补助政策;不得在功能区内立项实施非粮食类政府投资扶持项目。粮食生产功能区建设以政府为主导,引导各类主体积极参与,各乡镇统一项目设计、统一工程预算、统一招标建设、统一监督管护,确保基础设施建设质量。同时,省里颁布建设标准和验收办法,通过认定的功能区由省统一编号,建立电子地图和数据库档案,明确管护责任人和责任农技员。到2018年底,在全面落实国家对基本农田保护要求的基础上,浙江建成粮食生产功能区1万余个,面积超过810万亩。

二、确立大粮食安全观

在全国粮食连年丰收、粮价持续走低的背景下,浙江及时确立大粮食安全观,探索构建更高标准、更好水平的粮食安全保障体系。树立"大种类"理念,坚持水稻与旱粮并重,既抓好水稻等谷物生产,又在豆类、薯类上下功夫,开展旱粮生产示范基地创建。树立"大储备"理念,坚持"官储"与"民储"并重,推广农户储粮,督促指导单位食堂增加储粮,倡导居民多储粮,严格核定粮食经营企业、粮食批发市场最低库存。树立"大粮源"理念,坚持省内粮源与省外粮源并重,在省内稳定粮食生产,建好粮食批发市场和物流设施;在省外巩固和加强与东北三省、江苏、安徽、江西、河南等粮食主产区的深度产销合作,建立粮源基地,畅通东北至浙江的"北粮南运"海运通道、铁路通道,打破物流"瓶颈"。树立"大产业"理念,坚持政府"有形之手"和市场"无形之手"并重,走粮食全产业链开发经营路子。树立"大消费"理念,坚持粮食数量和结构并重,适应消费需求变化,积极开发优质粮、功能粮、特用粮。

三、鼓励粮食规模经营

浙江创新经营机制,引导和支持土地集中连片流转,将粮食生产功能区流转土地集中发包给种粮大户。农业补贴突出支持耕地地力保护和粮食适度规模经营,鼓励粮食生产经营主体走向联合,加大力度扶持粮食生产专业合作社、社会化服务组织等规模经营主体。2018年,全省有粮食生产家庭农场约5000家,规模经营主体生产的粮食占全省粮食产量的近1/3。开展粮食高产创建,实施育种攻关与良种推广计划,相继育成并主推"秀水""中浙优""甬优"三大系列水稻高产品种,推广粮食高产"三新"技术,创建区的粮食单产明显高于非创建区。2016年,全省早稻平均亩产426千克,为全国第一,同时创浙江历史新高。创新农作制度,重点推广粮经结合、水旱轮作的高效农作制度,开展协作攻关,推进新型农作制度示范点建设,推广"千斤粮、万元钱"模式。推广运用水稻专业化统防统治、生态控害、绿色防控等先进技术,提升粮食绿色生产水平。

四、落实粮食生产责任制

针对农业结构调整带来的粮食播种面积减少问题,2004年,浙江省建立粮食生产责任制。2008年,在全国率先制定市县长粮食安全责任考核制,将领导重视、投入加大、耕地保护、标准农田建设、新品种新技术推广、社会化服务和规模经营、单产与总产提高等内容纳入对党政"一把手"的考核内容,由省政府与各市政府签订目标责任书。开展粮食生产先进市、县评选,对面积减少的,实行"一票否决制"。加大粮食生产政策扶持力度,先后出台了种粮大户直接补贴、水稻良种补贴、集中育秧补贴、机插作业补贴、统防统治补贴、订单粮食奖励、粮食政策性保险、粮食生产功能区以奖代补和水稻生态补贴、种粮大户贴息贷款、旱粮种植补贴、高产创建补助等政策。逐年加大补贴力度、拓展补贴范围,财政对粮食生产贷款给予贷款贴息,对稻麦生产政策性保险给予93%保费补助。2018年,省级规模种粮补贴资金达4.43亿元,省财政对全年稻麦复种面积达50亩以上的规模经营主体补贴100元/亩。各地安排资金加大扶持力度,注重培育为散户提供机械化作业、社会化服务的农业服务组织。全省基本形成覆盖水稻和旱粮、生产环节和基础能力建设相结合的扶持政策体系,为稳定粮食生产提供了有力的支持。

第五节　培育乡村美丽经济

一、发展农家乐休闲旅游

发展农事体验、农家乐民宿、乡村旅游、森林康养等休闲农业,利用田园景观、自然生态,结合农业生产经营活动、农耕文化及农家生活,通过为民众提供休闲娱乐等美好感受从而获得经济效益,让绿色发展成为农民增收新渠道,是典型的美丽经济。

2005年11月,浙江省委、省政府在安吉县召开全省农家乐休闲旅游工作现场会,明确践行"两山"理念、发展休闲农业的思路与举措。为推进农家乐休闲旅游业健康发展,基本上每五年更新一个政策文件,每五年召开一次高规格全省农家乐休闲旅游工作现场会进行推动。省政府先后于 2007 年、2011 年、2016 年出台加快发展、提升发展、规范发展农家乐休闲旅游业的指导意见,按照把农田看成一道美丽风景、把农业培育成为美丽产业的理念,依托并拓展清洁田园、绿色生产、美丽乡村建设成果,积极探索乡村美丽产业价值转化实现机制,推动农家乐休闲农业发展。

立足自然山水、田园风光和农时李节,利用丰富的"花""果"资源,并发农业休闲旅游功能。2016 年,全省实施打造整洁田园、建设美丽农业行动。2018 年,开展"最美田园"评选,推出一批视觉美丽、体验美妙、内涵美好的田园景点,打好美丽经济的亮丽底色。到 2018 年底,全省累计打造休闲农庄、山庄、采摘点 4600 余个,农家乐经营床位超过 30 万张。

强化宣传,扩大影响。开展"100 条休闲农业和乡村旅游精品线路"推介,将全省优秀休闲农业与乡村旅游观光点、特色农产品、传统农事活动等"串珠成链",扩大浙江农家乐与休闲农业在长三角地区的影响力。加强管理,引导健康发展。组织星级农家乐创建认定,加强服务指导,推动休闲农业与农家乐的行业自律,实行自我管理、自我监督、自我服务,做到诚信守法经营。2018 年,浙江乡村旅游共接待游客近 4 亿人次,比上年增长 17.4%;营业收入超过 420 亿元,比上年增长 20.9%。

二、推行农产品电子商务

2005 年 9 月,浙江省农业厅牵头实施百万农民信箱工程,实行实名制注册应用,集个人通信、电子商务、电子政务、农技服务、办公交流、信息集成等功能于一体。通过一年努力推广,用户数即突破百万。时任省委书记习近平作出批示，指出百万农民信箱工程是为广大农民提供服务的一个有效载体，覆盖面广，方便快捷，实际效果好，要求把它建设好、运行好，发挥其最大作用。2008年，浙江依托农民信箱平台，实施万村联网工程。2015年，开发出移动智能终端App——掌上农民信箱。到2018年，农民信箱建有农村网站2.6万个，建立起覆盖全省所有建制村的网站集群，拥有288.4万实名注册用户。浙江借助农民信箱用户基数大、覆盖面广、信息真实度高等优势，充实农产品电子商务功能，联合阿里巴巴新零售渠道和云集社交电商平台，开展农产品电商地方品牌推广，分地区、分类别举办农产品电商资源对接会。

以创建信息进村入户工程整省推进示范省为契机，完善扶持政策，强化指导服务，鼓励各类新型农业经营主体开展网络营销，以数字化形式改进农产品营销方式，迅捷安全实现农产品交易和货币支付，为乡村美丽经济提供便捷途径。2017年11月，中国农科院信息研究所联合杭州安厨电子商务有限公司，率先编制发布了4大类、28项生鲜农产品电商流通标准，涉及质量基本要求、等级规格、安全检测、包装与标识、产品要求、贮藏保鲜和运输管理等内容。大力推动信息流、产品流和物流"三流合一"，鼓励服务站运营商通过大数据技术对接服务网点，整合现有农村电商服务资源，优化站点供应链管理。

出台《浙江省电子商务产业发展"十三五"规划》，开展"农村电商"专项行动。支持建设农村电商服务点和县级公共服务中心，提供网络代购、农产品销售和农村青年创业服务，突破农村网络基础设施、电子商务操作和物流配送等的"瓶颈"制约，建立健全农村电商服务体系。2018年，浙江农产品网络零售额超过660亿元，比上

年增长 31.9%;全省拥有网络零售额超过千万的电商专业村 1253
个,占全国总数的 39.1%。

三、开发创意农业

2007 年,浙江在全国首创"农业之最"评选活动。活动采用政
府搭台、社会参与、主体自愿、自主申报的方法,创建主体是农民、
种养大户、专业合作社、家庭农场和农业企业。广大农业生产经营
主体热情参与并积极挑战,各种特色创意农产品不断涌现,如方形
西瓜、彩色甘薯、迷你小番茄、盆景水果等,余姚的"乒乓球葡萄"、
天台的艺术葫芦、绍兴的草莓大棚养蜜蜂都是其中的典型。截至
2018 年,"浙江农业之最"共创造 164 项纪录,涉及粮油亩产、农产
品品质、农事技能、亩产效益规模和新奇特五大类别,有效推动粮
油高产创建和主导产业提升发展。

依托自然山水地形地貌和不同季节的不同农作物,通过创意
设计、文化植入和技术运用,创建极富视觉冲击的农业生产布局。
如杭州八卦田按八卦形状布局农作物品种,种上五彩水稻;仙居
油菜花海呈现"最大中国地图",布置多姿多彩稻草人以及小木
屋、菜花风车、传统仿古阳伞等,营造一种浪漫的田园气息;江山
市在江郎山脚下凤林镇开展彩色水稻"稻田艺术"创意工作。许
多地方借助创意思维和现代加工技术,将农产品转化为高档礼品
和艺术品。

浙江农耕文明蕴藏着丰富的文化基因,也是开发创意农业的
源泉。各地结合农业产业特色着力兴建农业博物馆,如桐乡中
国·江南蚕俗文化博物馆是一个以蚕丝为主题的博物馆;黄岩中
国柑橘博物馆是我国第一座以柑橘和橘文化为主题的大型专题博
物馆,集柑橘产业文物史料的收藏、展示、保护、研究和教育于一

体;绍兴传统农具博物馆集中陈列了耕作、收割、加工、捕捞、喜庆、祭祀等各种类别的 400 多件农具;仙居建成全国首家杨梅博物馆,集中展示杨梅历史文化与现代果品加工技术。青田稻鱼共生系统于 2005 年获评全球重要农业文化遗产保护试点后,青田县狠抓稻鱼文化价值挖掘,强化稻鱼共生系统保护,注册"青田田鱼"地理标志证明商标和原产地产品保护专用标志,开发"稻鱼米"系列产品和田鱼干、青田糖糕、稻鱼共生主题石雕等农业特色文化旅游产品,开展"稻鱼共生+华侨文化"等农旅活动,有力地促进农旅融合发展。2017 年,全县稻鱼共生基地面积达 4.6 万亩,实现稻鱼总产值 1.9 亿元。

四、激活农家美食

浙江农耕历史悠久,饮食文化源远流长,一批农家特色小吃在传承弘扬优秀传统文化、乡愁文化,助推农民就业增收方面发挥了重要作用,用美味塑造了丰富多彩的乡村产业。农家特色小吃是指由历史传承、凝聚物质文化及社会生活风貌特质、具有特定口味风格的农家美食。全省挖掘、排摸有代表性的农家特色小吃 100 余种,在浙江农业博览会等展会上选择重点予以推广,开展市民喜爱的农家小吃评选,受到消费者追捧。省政府办公厅还专门印发《关于加快推进农家传统特色小吃产业发展的指导意见》,鼓励市、县统筹支农资金,对建设农家小吃加工配送中心、原辅料基地给予支持。

2018 年,浙江以传统农耕文化和特色美食为依托,举办"诗画浙江·百县千碗"旅游美食推广系列活动。所谓"百县千碗",是以各县(市、区)为单位广泛征集,通过公开推选和专家评选等方式产生本地最具代表性的"10 碗"美食。省旅游局举办"百县千碗"美食成果展,推出《餐桌上的浙江》旅游美食推广图册、旅游美食地图、旅游美食线路产品等,为市民游客全面展现浙江旅游美食的独特魅力。

第六节　加强农业科技支撑

一、促进政产学研结合

针对农科教、产学研协作不够紧密的问题,浙江从科研、开发、应用全链条入手,大力推进农业科技协作,省科技、农口、财政等部门共同形成支持农业科技创新的合力。2005 年,组织省农业厅、省农科院、浙江大学、中国水稻研究所、中国农科院茶叶研究所"三农五方"(2011 年增加浙江农林大学,成为"三农六方")科技协作,省级财政每年安排专项资金,支持围绕发展高效生态农业、优势产业和粮食生产关键技术协作开展科技攻关。2008 年,整合农林渔水推广、科研、教学等单位的农技资源,组建浙江省农业技术推广中心,下设种植业、畜牧业、渔业、林业、农业机械、水利 6 个分中心,指导产业技术推广。2014 年,围绕粮油、蔬菜等 10 个产业,组建覆盖省、市、县三级的产业技术创新与推广服务团队,全省共组建团队 400 多个、整合专家近 5000 人。同时,出台农业科技成果转化推广奖励办法和科技创新政策,表彰奖励工作突出人员,激发科技人员的创业创新精神和科技服务热情。

浙江大学以专家团队为技术支撑,联动湖州市当地农技推广服务力量,以农业园区和农业企业、农民专业合作组织为主要工作平台,按产业组建"1 个高校科研单位专家团队＋1 个本地农技推广小组＋若干个经营主体"的产业联盟,共引进、试验、示范新品种

（新技术、新模式）1500多项，实现了高校科研、农技推广与基地生产的有效对接。

二、推广先进适用技术

浙江围绕农业主导产业，以绿色增产、节本降耗、提质增效、生态环保和质量安全为导向，总结提炼并集成推广生态循环农业十大技术创新模式、种植业五大主推技术、畜牧业科学生态养殖八大模式及新型农作制度50例等可持续的生产方式和农作制度。实施种子种苗工程，完善品种试验、良种繁育、质量检测等基础设施，加快新品种推广。实施省级农作物种质资源保护利用项目，开展农作物种质资源调查收集、繁殖更新、鉴定评价以及种质资源圃建设，支持种业发展。

浙江省农技推广基金会在创新应用先进适用技术上发挥了积极作用。1995年8月，浙江成立省农业技术推广基金会，曾主管农业的两任副省长先后担任会长，市、县一大批从领导岗位上退下来的"老农业"参加基金会工作。这是全国首个民间性质的农技推广基金会，主要依靠社会力量募集基金，通过基金理财增值，加上政府财政适当支持，资助农技推广项目、培训农民和农技骨干、表彰奖励乡镇农技推广组织与优秀农技工作者，重点面向基层一线的农技人员和农民专业合作社、家庭农场、专业大户。到2018年底，省、市、县三级49个基金会（或执行部）累计资助以创新农作制度为重点的基层农技推广项目1.1万余个，项目实施总面积超过100万亩，投入资助资金总额4.5亿元。

三、创新基层农技服务

浙江大力推进基层公共服务体系建设，先后于2005年、2006年、2008年出台三个针对基层农技推广体系改革与建设的文件。

新型农技推广体系建设以健全乡镇公共服务中心为载体,全面推行"3＋X"服务模式,"3"即农技推广、动植物疫病防控、农产品质量监管三项基本职能,"X"即拓展公益性的信息服务、农产品营销、保险等服务。2014 年开始,又以此为依托,实行一个基层公共服务中心联结多个生产经营主体的"1＋N"组建方式,推动公共服务触角向村社和生产经营主体延伸。

实行省市首席农技推广专家、县农技指导员和乡镇责任农技员分类管理,对三类人员开展科技试验、联系示范户、进村入户时间等方面分别作出量化规定。特别要求乡镇责任农技员包村联户,全面负责某一个责任区内的农技推广服务工作,及时答复和帮助解决责任区域内农民提出的各类技术问题。2012 年,浙江又在全国率先开展定向培养基层农技人员工作,每年聚焦农业急需专业定向招收本科生,毕业后补充到乡镇农技推广机构,形成"定向招生、定向培养、定向就业"的有机衔接机制。

四、实施科技特派员制度

2003 年,习近平同志在浙江亲自倡导、部署、推动实施科技特派员制度。浙江把省级及以上高校院所作为选派省派科技特派员的唯一渠道,实行地方需求、公开征集、自主报名、双向选择,确保选派人员精准对接。省委、省政府定期对优秀科技特派员和工作先进集体进行表彰激励,省财政持续安排资金支持科技特派员在基层工作。2003 年到 2018 年,浙江省、市、县三级共派遣个人科技特派员 1.56 万人次、法人科技特派员 19 家、团队科技特派员 354 个,在全国率先实现全省"乡乡都有科技特派员"。这些"高位嫁接"的科技特派员从高校科研院所出发,深入农村基层和田间地头,实施科技研发项目,建立科技示范基地,培训乡土科技人才,培育农村特色产业,创建科技服务组织,"把论文写在田野上",累计推广新品种、新技术 1.4 万多项次,开展技术培训 12 万多场。科技特派员制度的实施,有效解决了农业科技成果转化和科技服务的"最后一公里"问题。

◆◆ 思考题

1.发展乡村产业,如何做到尊重农民首创精神与强化政策引导相结合,破解农业生产效益不高、竞争力不强的问题?

2.如何运用信息化技术,加快发展数字农业、建设数字乡村,占据产业发展制高点?

3.更好地引导农村青年回乡创业、壮大新型农业经营主体,应当采取哪些举措?

4.如何做到保障粮食安全和发展高效生态农业"两手抓、两手硬"?

5.农村集体经营性资产产权制度改革对于壮大农村集体经济实力、提高农民收入有何意义?

第三章　乡村资源管护

◆◆ **内容提要**

　　乡村是人与自然关系最密切的区域。在我国快速城镇化、工业化的过程中,乡村作为资源性空间,生态环境承受了巨大压力,资源约束日益趋紧。浙江省在"两山"理念指引下,着力建设森林浙江、保护耕地、治理江河湖溪、倡导循环农业、修护海洋生态,加大生态保护与环境治理的刚性约束和正向激励,推动形成绿色发展方式,实现人与自然和谐共生,走生产发展、生活富裕、生态优良的路子。

　　土地、森林、河流、海洋、湿地等自然资源及由此组合而成的生态环境,是人类赖以生存和发展的根基。优美的自然山水、秀丽的田园风光、和合的人居景象,令多少人心驰神往。习近平同志在浙江工作期间,亲自担任生态省建设工作领导小组组长,在踏遍浙江山山水水的一步一履中,推动保护和改善生态环境,倡导化生态优势为经济优势,希冀建设经济繁荣、山川秀美、社会文明的绿色浙江。《浙江生态省建设规划纲要》提出生态省建设的主要任务是,全面推进生态工业与清洁生产、生态环境治理、生态城镇建设、农村环境综合整治等十大重点领域建设,加快建设以循环经济为核心的生态经济体系,可持续利用的自然资源保障体系,山川秀美的生态环境体系,与资源、环境承载力相适应的人口生态体系和科学、高效的能力支持保障体系。习近平同志指出:"在推进发展中,要充分考虑资源和环境的承受力,统筹考虑当前发展和未来发展的需要,既积极实现当前发展的目标,又为未来的发展创造有利条件,实现自然生态系统和社会经济系统的良性循环,为子孙后代留下充足的发展条件和发展空间,走生产发展、生活富裕、生态良好的文明发展道路。"①强调在浙江这块美丽的、充满生机和活力的沃土上,需要每一个人珍惜每一片森林、每一条河流、每一寸土地、每一座矿山,走节约资源、保护环境之路,使人与自然永远和谐相处。要求既创建一流的生态环境和生活质量,又确保社会经济可持续快速健康发展,从而走上一条科技先导型、资源节约型、清洁生产型、生态保护型、循环经济型的发展之路。浙江一以贯之坚持节约优先、保护优先、自然恢复为主的方针,像保护眼睛一样保护生态环境,像对待生命一样对待生态环境,践行"绿水青山就是金山银山"的理念,让天更蓝、山更绿、水更清、空气更清新、环境更优美,为老百姓留住鸟语花香的自然生态,不断满足人民日益增长的优美生态环境需要。2020 年 3 月,习近平总书记在浙江考察时强调,"绿水青山就是金山银山"理念已经成为全党全社会的共识和行动,成为新发展理念的重要组成部分。实践证明,经济发展不能以破坏生态为代价,生态本身就是经济,保护生态就是发展生产力。

---

① 习近平.干在实处 走在前列:推进浙江新发展的思考与实践[M].北京:中共中央党校出版社,2006:189.

第一节　建设森林浙江

一、国土植树绿化

森林是陆地生态系统的主体,具有调节气候、涵养水源、美化环境、保护生物多样性、维持碳平衡等多种功能,对改善生态环境、维持生态平衡、保障经济社会可持续发展起着决定性的作用。建设天蓝、水清、山绿、景美的优美环境,植树绿化不可或缺。天蓝,需要森林来净化;水清,需要森林来涵养;山绿,需要森林来支撑;景美,需要森林来营造。林木是人居环境优化的必需品,房前屋后有树木令人向往。空闲时往山区林间跑,已成为一种时尚。森林食品深受居民喜爱,到山水之间享受森林氧吧、体验森林康养更是许多人的追求。

浙江陆域地形地貌呈"七山一水两分田"特征,山区面积广大,林木资源丰富,降雨充沛,一直以来重视植树造林、绿化大地,林业生态建设走出了具有自身特点的路子。坚持党政主导,形成工作合力。省委、省政府印发《森林浙江行动方案》等文件,省委主要领导多次召开绿化工作会议,强调要以"功成不必在我"的胸襟,传承"县委书记抓绿化"的好传统,坚持不懈植树造林,持之以恒改善生态。省四套班子领导高度重视,省绿化委员会(现为省绿化与自然保护地委员会)每年将重点工程年度绿化任务分解下达各市、县政府,各地再把绿化任务分解到乡镇和部门。建立绿化督查通报制度,把建设任务纳入政府考核目标,强化督促检查,健全工作机制,形成齐心协力抓绿化的生动局面。

到 2018 年底,全省森林覆盖率达 61.15%,平原林木覆盖率达

20％。在保护好现有乡村风貌的基础上,将绿化规划与地形地貌、村庄布局、产业培育、风土人情等有机融合,全面推进村庄绿化。利用房前屋后空地、边角地等,重点抓好乡村庭院绿化、道路绿化和休闲绿地建设。推广墙体、屋顶、阳台、坡面等立体绿化,充分利用可绿化空间,挖掘绿化潜力,突出身边增绿,进一步优化人居生态环境。加强村庄道路、河道绿化美化,对缺株断带、树种单一、功能较差的林带,进行优化调整或更新改造。注重对原生植物的保护,切实抓好村庄周边绿化,对荒山荒地进行造林,建设农田防护林和环村片林,构建景观优美、结构稳定、功能有效的森林生态屏障。

以提高森林质量和景观水平为目标,按照区域集中、连片推进的思路,以通道沿线、江河两侧、城镇周边等山体区域为重点,以珍贵彩色健康森林建设为主要内容,打造沿江、沿海、沿山、沿湖和沿路(公路、铁路)生态美丽廊道。大力发展珍贵树、阔叶彩色树,因地制宜发展木材质量好、市场价值高、培育前途大的珍贵乡土树种,更好地藏富于林、蓄宝于山。加强乡村古树名木保护工作,采用"一树一策"的方法,充分挖掘文化内涵,讲好古树故事,推进古树名木保险、认养和挂牌工作。结合生态文化基地和生态文化村创建,建设植物园、标本馆、科普馆、博物馆等,完善科普步道、长廊、宣传亭、标识牌等宣教设施,推动森林生态文化广泛传播。

把绿化建设纳入土地利用总体规划,采取租用、流转、补助等方式保证绿化用地需求,鼓励群众在房前屋后、空闲地块、荒山荒滩等"见缝插绿"。创新管养机制,做到建设与管护并举、发展与保护并重,切实加强对农村林木的养护。注重对茶、桑、果等经济林的保护、发展和提升,完善绿化管护制度、长效管养机制和平原农田林网产权制度,依法保护森林资源和绿化成果。探索市场主体参与的工程化管理模式,通过政府购买服务的方式,把规划设计、施工作业、后期养护等交由市场主体承担,切实提高绿化建设质量。依托优质的森林生态资源,发展山水观光、森林康养、乡村民宿、水果采摘等业态,打造独具特色的"一村一品""一村一景""一村一韵"精品森林村庄,增强人们对森林生态环境的享受和体验。

二、沿海防护林建设

浙江地处中国东南沿海,台风、洪涝等自然灾害易发频发,给经济社会发展和人民生命财产安全带来严重隐患。进入 21 世纪以来,浙江省以"5 年绿化平原水乡,10 年建成森林浙江"为目标,在加强山区生态公益林建设的同时,大力实施沿海防护林建设和平原绿化,有效推动了沿海绿色屏障的构建和平原生态环境的提升。到 2018 年底,全省累计建成海防林 930 余万亩,其中,人工造林 190 余万亩,低效林改造 120 余万亩;相比 2010 年,全省新增平原绿化面积超过 250 万亩,平原林木覆盖率提高 5.2 个百分点。

实施沿海千里绿色屏障工程,全力建设海岸基干林带。"十二五"期间,全省建成宽 50 米以上的基干林带 960 余千米,宜林岩质岸线全面绿化,实现基干林带合拢目标。以城市城镇、公路铁路、江河渠堤、村庄绿化、农田林网和基干林带建设为重点,组织实施平原绿化行动,着力构建国土生态安全屏障。大力推进平原河道绿化、水系景观林建设和湿地生态保护与修复。结合"三改一拆"和小城镇环境综合整治推进拆后绿化,把植树绿化作为拆用衔接、拆后利用的重要方式,宜绿则绿、以拆换绿。围绕建设"万里森林通道、万个森林村庄、百万亩林相改造"目标,全省联动,突出工程带动,累计建设森林通道 2.5 万千米,完成沿线林木新植和林相改造 200 万亩,有效提升了河边、路边、村边等区域的形象和品位,构建"成片、成林、成带、成景"的绿色通道。

政府投入为主,社会投入为补充。明确重点防护林省财政补助政策,沿海基干林带造林补助 1500 元/亩,平原造林补助 800 元/亩。下发《浙江省沿海防护林体系建设工程规划(2016—2025年)》,组织各地编制海防林、平原绿化、村庄绿化等分县规划。采取政府征用、租用、奖励补助相结合等方式,对集体所有的滩涂地、机耕道、沟渠堤路等可绿化用地进行流转,统筹安排解决绿化用地。大力发展珍贵乡土树种造林,开展"新植 1 亿株珍贵树"行动。大力开展森林城市、森林城镇、森林村庄创建,扩大建设覆盖面,不断提高城乡生态质量和居民生活品质。到 2018 年底,全省成功创建 16 个国家级森林城市和一大批省级森林城市、森林城镇、森林村庄。浙江大地郁郁葱葱,生态有效改善,人民交口赞誉。

三、实行生态公益林补偿机制

按照森林发挥生态和经济两种功能所产出的"产品"属性差异,森林相应地被划分为公益林和商品林。公益林是指以维护和改善生态环境、满足人类社会生态需求和可持续发展为主体功能,主要提供公益性、社会性产品与服务的森林、林木、林地。浙江全省 90 个县(市、区)中有 51 个是林区县,早在 1999 年浙江就已先行在 21 个江河源头和重点林区县开展公益林建设试点。2001 年,全省初步完成了公益林区划工作,2004 年又作了进一步的完善,共区划界定省级以上公益林 2900 余万亩。2009 年、2012 年和 2015 年进行了省级公益林区划界定、扩面,到 2018 年底,全省省级以上公益林规模超过 4500 万亩,约占全省陆域面积的 29%。

2005 年 1 月,浙江省启动实施森林生态效益补偿基金制度,补偿标准为每亩每年 8 元。2006 年,将公益林的补偿标准提高到每亩每年 10 元,同时将已符合公益林补偿条件、区划内原有的未成林地与宜林地纳入补偿范围。2007—2012 年,连续 6 年把落实和提高公益林补偿标准列入省政府十方面民生实事之中。2015 年,将补偿标准提高到每亩每年 30 元。2016 年,省政府决定对省级以上公益林实施差别化补偿政策,将 21 个主要干流和重要支流源头县及 8 个省级以上自然保护区的公益林最低补偿标准进行调整,把 2300 余万亩省级以上公益林列入提标范围,最低补偿标准为每亩每年 35 元;2017 年,最低补偿标准又提高到每亩每年 40 元。2006—2017 年,浙江省 10 次提高公益林补偿标准。截至 2017 年底,各级财政累计投入补偿资金超过 100 亿元,惠及林农 1300 万人。

公益林建设成为浙江林业建设史上惠农最广的林业生态工程,在保护森林资源、改善生态环境上产生了巨大的综合效益。公益林建设、保护、利用和管理的加强,促进了林分质量稳步提高。全省公益林中阔叶林、针阔混交林面积比重从 1999 年的 30% 提高到 2017 年的 55%,林分平均郁闭度从 1999 年的 0.4 上升到 2017 年的 0.55 以上。随着林分质量的提高,公益林在涵养水源、固土保肥、固碳释氧、森林储能等方面发挥了积极的作用。公益林建设造就了许多优美的森林景观,广大林农以此为依托,充分发挥生态环境的优势,开展农家乐、森林人家、生态农庄、森林公园等生态旅游活动。

第二节　保护耕地

一、守住耕地红线

人多地少,尤其是旱涝保收的优质农田紧缺,是浙江的基本省情。多年来,浙江省重视建好、管好、护好耕地资源尤其是永久基本农田,保护好老祖宗留下来的"太公田",为后代保留优质可耕的"子孙田"。切实加强粮食生产功能区和现代农业园区"两区"建设,有效保护和合理利用耕地。2016年7月,国土资源部和农业部联合在杭州召开全国永久基本农田划定工作现场交流会,总结推广浙江的经验。浙江认真做好永久基本农田的划定和保护工作,全省共划定永久基本农田2300余万亩,将其中超过1000万亩的集中连片、质量优良、土壤清洁、设施完善、适合规模经营和机械化耕作的平原优质耕地,划为永久基本农田示范区。在划定的永久基本农田范围内,实施高标准农田基础设施建设,加强土壤环境质量调查、监测评价和防治,确保永久基本农田土壤清洁、安全。在编制城乡建设、基础设施、产业发展、生态环境保护等相关规划时,做到与永久基本农田布局充分衔接,用"一张图"来管控国土空间,一般建设项目不得占用永久基本农田,严禁占用永久基本农田示范区。大力盘活农村存量建设用地,按照政府主导、统一规划、产业融合、整体推进的思路,开展以山、水、林、田、湖、村和产业各要素为对象的土地综合整治,通过零星耕地规整、散落村居撤并、农房拆旧建新、小微企业进园区、废弃工矿整治、生态环境修复等措施,合理安排基本农田建设、农地整理、建设用地复垦和中心村建设,实现农田集中连片、建设用地有序集聚、空间形态高效节约的土地利用格局。

二、耕地占补平衡

实行建设项目占用耕地"占一补一""占优补优""占水田补水田"的政策,是国家为有效保护耕地资源而采取的举措。浙江省根据国家总体要求,结合本省实际,探索建立起以县(市、区)内补充为主、省与设区市统筹解决为辅、跨区域调剂为补充的耕地占补平衡统筹机制。建设项目占用耕地,要补足与所占用地的质量和面积相当的耕地,落实好"占水田补水田"。浙江专门出台土地整治垦造水田建设标准和补充耕地质量等级评定办法,在基础条件、实施程序、建设标准和工作要求等方面予以明确,以确保补充耕地和水田的质量。设立补充耕地调剂资金并加强管理,用于垦造耕地、高标准基本农田建设、耕地地力培育、新垦造耕地后续种植等,以保障耕地保护和建设任务的落实。

三、保障耕地质量

坚持耕地不仅要数量足,而且要质量优,达到旱涝保收、高产稳产的要求。浙江制定实施《浙江省土地整治条例》,对新补充耕地项目的立项、设计、实施、验收、报备,有一整套严格的程序和规定,以确保垦造项目新增耕地数量真实、质量符合要求。严格执行先评定耕地质量等级再验收制度和抽查复核制度,以确保耕地建设质量。项目验收合格后必须落实后续管护,期限不得少于三年。保护生态环境,防治水土流失,切实加强涉林垦造耕地监管,严禁以毁林毁山、破坏生态为代价垦造耕地。规定耕地提质改造项目的建设条件、程序和标准,从耕作、防渗、灌溉、排水等方面对水田的认定提出具体的技术指标和参数,牢牢把控工程质量。实施建设占用耕地耕作层土剥离和再利用,将剥离的土壤主要用于土地整治改良、耕地质量提升和高标准农田建设等方面。2016年起,浙江省在全国率先全面建立耕地保护补偿机制,保护补偿范围主要是土地利用总体规划确定的永久基本农田和其他耕地,补偿资金由村集体经济组织和农民共享。

第三节　治理江河湖溪

一、开展综合治水

水是生命之源、生产之要、生态之基,而我国的基本水情是人多水少,水资源时空分布不均、与生产力布局不相匹配。随着工业化、城镇化发展,我国水资源存在过度开发、粗放利用、污染严重、生态恶化的状况。水之殇,成为民之痛;水之净,成为民之愿;水之美,成为民之盼。有效保护水资源,推动全社会更好地关心水、亲近水、爱护水、节约水,显得尤为重要和紧迫。治水要统筹自然生态各个要素,坚持山水林田湖草综合治理。在多年来重视加强水生态建设的基础上,2013 年底,浙江启动了治污水、防洪水、排涝水、保供水、抓节水的"五水共治"行动,多措并举,综合施策,取得显著成效,连续几年水质不断改善。2018 年,全省 221 个地表水省控断面中,Ⅰ—Ⅲ类水质的比例为 84.6%,比 2013 年提升 20.8 个百分点,实现了水质量有效提升与产业转型升级同步,经济社会发展与生态环境改善共赢。

大力推进城乡污水治理。明确提出决不把污泥浊水带入全面小康的目标要求,从治理城乡垃圾河、黑河、臭河入手,打响清河治水攻坚战,实现河面无大块漂浮物,河岸无垃圾,无违法排污口,全面消除黑臭水体。大力推进以小沟、小渠、小溪、小池塘为主体的小微水体整治,基本消除感官污染。实施河道清淤,合理选用清淤方式,实现生态清淤、淤泥脱水、垃圾分离、余水循环处理一体化。加强对淤泥清理、排放、运输、处置全过程的管理,通过土地复垦、园林绿化、培堤固塘、制砖制陶等途径,提高淤泥资源化利用水平。重视清淤疏浚与生态补水、生态修复结合,打通断头河,让水系活起来。推进畜牧业转型升级,深化农业面源污染治理。加强重点流域和近岸海域污染防治,力求一江清水向大海。

统筹推进防洪排涝工程建设。浙江是洪涝灾害易发、多发地区,坚持以统筹的理念和综合的手段,提升防洪排涝水平。突出"上蓄",在流域上游科学选址,建设大中型水库,增强拦洪错峰的能力。加强对已建控制性水利工程设施的安全鉴定,做好除险加固,确保水库、山塘的安全运行。稳固"中防",完善流域区域防洪封闭,提升江河干堤防御洪涝的综合能力。加快独流入海河流治理,推进海塘加固建设。实施圩堤加固和配套水闸、泵站更新改造,提高低洼易涝地区的防洪能力。强化"下排",切实加强下游特别是平原近海地区的排涝设施建设,推进平原骨干河道的综合治理,提高排洪下泄和通江达海的能力。保护自然河流水面,严禁围湖造地,最大限度实现雨水的自然积存、渗透和净化,增强排水防涝能力。

切实保障生活生产饮水安全。依法做好水源地的确立、保护、监管工作,划定一批饮用水水源保护区,完成饮用水源一、二级保护区内违法污染源清理。加强饮用水源保障项目建设,积极推进城乡供水同网、同质、同服务,加大对供水管网的改造和新建力度,切实提高供水能力。

建立健全节约用水体制机制。制定和实施水权制度,根据流域生态环境承载力和生产生活需要,合理确定各流域的取水总量及分区域的取水量,探索建立水权交易市场,促进各地、各单位节约用水。实施城镇非居民用水超定额累进加价和居民用水阶梯式水价制度。研究开发工业节水技术,支持企业开展废水回收利用,全面推进工业节水。推行大中型灌区节水配套改造和百万亩喷微灌工程,有效促进农业节水。推广中水回用和雨水利用,积极推进生活节水。

创新实施河长制。作为全国河长制发源地和试点先行区,浙江全面建立省、市、县、乡、村五级河长体系。在全国率先开展河长制地方性立法,出台《浙江省河长制规定》,形成以河长制为核心的治水长效机制和责任体系,把全省河流的治理和管护责任落实到5.7万余名五级河长,许多地方还延伸建立小微水体的"沟渠池塘长"。明确河长的管水、治水、保水职责,健全激励约束机制和考核机制,将考核结果作为干部综合考评的重要依据。全省公安机关建立与河长制相配套的河道警长制,健全常态管理机制、动态跟踪机制和执法监管机制,加强履职考核,严格责任追究,营造全民治水护水良好氛围。

二、修护水生态环境

河湖水体恢复洁净清澈,需要精心调理和合理修复。浙江综合考虑江河湖海溪的相互关系,统筹水安全、水生态、水景观、水文化等,实施水系连通,提升生态综合功能。再现许多人怀念的孩提时代家门前的河流,河边有树,树下有草,河里有深潭浅滩、有鱼群虾米,多么令人流连忘返的景象。切实重视小流域和中小河流治理,实现水清、流畅、岸绿、景美,既促进农村人居环境改善,又为发展乡村休闲旅游创造条件。

在修复水生态环境的过程中,尽量借助大自然的力量,少用工程性措施,减少人为干预。一是曲直适宜。河流由于受水力变化、植物生长和地形条件等影响,深浅不一、蜿蜒曲折,这是经历时间流逝自然形成的,简单裁弯取直会破坏河流原貌,给生态带来影响。二是宽窄适宜。天然的河流因为宽窄变化和转折弯曲,流速不同,形成深潭和浅滩。深潭在丰水期是洪水消能之处,在枯水期又是水生生物生存繁衍的天然场所。浅滩则是典型的湿地,既具有湿地应有的功能,又能令人感受大自然的美丽造化。三是高低适宜。不少河道溪流缺乏美感,问题就出在堤坝的高度上。堤坝一高,硬化就不可避免,占地多,投资大,亲水性也差。中小河流的堤坝可建得略低一些,但要坚固,洪水来时允许漫顶过坝,但不能垮塌。四是粗精适宜。流域上游的建设尽量以粗犷为首选,利用自然资源条件顺势而为,体现原生美;下游特别是人口集聚河段,要注意做得精致并融入人文景观,有条件的可建亲水设施、沿河绿道,展现美感。

在河道绿化过程中,注重多用本地树种,多保护自然滩林,多顾及杂草自然生长。不顾客观实际过度"造景",既毁坏河流生态原貌,又影响整体视觉美感。坚决避免单纯为了行洪或造地需要,对河流不作深入分析论证,人为地裁弯取直,建设左右对称、头尾封闭、又高又硬的堤防。河道变成"渠道",不仅影响行洪、防洪功能的发挥,而且会导致自然生态难以修复。在水生态保护、水环境治理过程中,一定要尊重自然,按规律办事。对形态尚好的河流,尽量予以保护和维系;对已受损的河段,尽可能修复其自然生态原貌。

三、管理湿地资源

浙江湿地资源丰富,是全国湿地类型分布最全的省份之一,共有湖泊、河流、滨海、沼泽及人工湿地五大类,总面积 1660 余万亩,相当于全省陆域面积的 10.9％。浙江省高度重视湿地保护和管理工作，秉持生态优先、绿色发展理念，统筹好湿地的水资源平衡和生物资源多样性，满足动植物生长的需要，维护生态系统。1995—2000 年对全省面积在 100 公顷以上的湿地作了全面调查，2010—2012 年又对面积超过 8 公顷的湿地进行调查，掌握了全省湿地面积总量和所在市、县的面积、类型分布。

省级层面成立湿地保护工作领导小组，省政府下发《关于加强湿地保护管理工作的意见》和《关于加强湿地保护修复工作的实施意见》，分两批公布了全省重要湿地名录。2012 年，省人大决议通过《浙江省湿地保护条例》，使全省的湿地保护管理工作走上依法保护管理的轨道。浙江的目标是，到 2020 年全省建设 100 个湿地公园式城市湿地公园，湿地面积不少于 1500 万亩。

强化湿地分级管理，根据生态区位、生态系统功能和生物多样性，将全省湿地划分为国家重要湿地（含国际重要湿地）、地方重要湿地和一般湿地，列入不同级别的湿地名录。实行湿地面积总量管控，分层分级将全省湿地保护任务分解到各市和相关县（市、区），落实近海与海岸湿地 1000 余万亩、河流与湖泊湿地 220 余万亩、沼泽湿地 1 万余亩、人工湿地 400 万亩。组织开展重要湿地生态保护修复工作，建设一批具有典型示范作用的湿地生态保护和示范利用工程。加强湿地利用管控，积极探索湿地占补平衡管理机制。到 2018 年底，全省已有国际重要湿地 1 个、国家湿地公园 12 个、国家城市湿地公园 4 个、省级湿地公园 49 个、湿地及与湿地有关的自然保护区 11 个，经省政府公布的省重要湿地有 80 个，700 多个湿地被列入县级湿地保护名录。

第四节　倡导生态循环农业

一、转变生产方式

生态循环农业,是运用可持续发展思想、循环经济理论和生态工程学方法,以减量化、再利用、资源化为原则,以资源高效循环利用和生态环境保护为导向,通过调整和优化农业生态系统内部的生产、消费结构,建立起促进农业经济增长与生态环境质量提高的动态平衡机制,具有资源投入高效化、生产过程清洁化、废物利用循环化、环境影响无害化等特点,旨在减少资源消耗和环境污染,实现农业经济活动与生态良性循环的可持续发展。2003 年,浙江省就明确提出"高效生态农业"的发展战略,探索生态循环之路。2010 年、2014 年,省政府先后两次出台文件部署发展生态循环农业。2014 年,省政府与农业部签订战略合作协议,共推全国首个现代生态循环农业发展试点省建设。

浙江省在实践中探索形成了可复制、可推广的现代生态循环农业发展机制和模式,为美丽农业奠定了扎实的基础。一是培育实施和带动主体。鼓励专业大户、家庭农场、农民专业合作社发展生态循环农业,进一步引导和支持工商企业、民间资本、社会力量投资生态循环农业开发,加快形成以农业龙头企业为主导、农民专业合作社为纽带、专业大户和家庭农场为基础、社会力量为补充的生态循环农业组织体系。二是改善农业生产条件。支持发展设施农业,鼓励利用丘陵山地、沿海滩涂等发展设施栽培,扩大基质栽培、喷灌滴灌、肥水同灌等节地、节水、节肥设施应用,提高土地利用和产出效率;加大节能降耗先进适用农机具的应用力度,综合运用工程、农艺、生物等措施,提升耕地质量,加强农田水利基础设施建设。三是大力推进清洁生产。优化农作物用肥结构,积极推进测土配方施肥,鼓励增施有机肥,控制和减少化肥用量,提高科学施肥水平;提高高效、低毒、低残留农药应用力度,积极推进农作物病虫的物理和生物防治,减少农药用量;扩大农业标准化技术覆盖面和到位率,培育壮大无公害农产品、绿色食品和有机食品产业,提升农产品优质化、绿色化水平。四是推进农作制度创新。坚持用地与养地相结合,探索建立休耕制度,保护农业生物多样性;大力推广农牧结合、粮经轮作、水旱轮作等实用、高效、生态的农作制度,改良农田自然生态系统。

二、优化产业结构

根据产业相互融合、物质多级循环的要求,重点培育生态循环农业的重点产业。一是合理布局发展生态畜牧业。按照种养结合、废物利用、资源循环的思路,划定畜禽禁养区、限养区范围,科学规划种养业布局和畜牧业总量规模;以规模化、生态化为方向,大力推广农牧结合的生态养殖模式,实施规模养殖场标准化改造提升,促进畜禽排泄物集中治理,提高资源化利用水平。二是大力发展生物质产业。以农业废弃物资源化利用为重点,积极推进废弃物肥料化、基地化、饲料化、燃料化利用,做大做强生物质产业;优化食用菌产业结构,大力发展草腐类食用菌,促进农作物秸秆综合利用;积极开发生物质能源,加快推进秸秆固化、气化,培育以农作物秸秆为主要原料的生物质燃料、肥料、饲料等产业;大力发展农村沼气产业,以大中型沼气工程、户用(联户)沼气池为载体,促进农作物秸秆、农产品加工下脚料、农村生活污水、人畜粪便等的无害化处理和资源化利用。三是加快发展农产品精深加工业。引导农产品加工企业通过产业合作、资产重组等形式，提升规模和档次；鼓励利用农产品加工下脚料和农业废弃物，开发生物蛋白、生物饲料和生物原料，促进农产品多级利用，减少加工环节的浪费和废物排放；推进农产品加工园区建设，促进具有上下游共生关系的农副产品加工废弃物在园区内的闭路循环和综合利用。

三、强化科技创新

根据生态循环农业的不同模式，加快形成集产地环境、生产过程、产品质量、加工包装、废物利用、经营服务于一体的标准体系和技术规范，建立生产、管理和服务有机结合的绿色技术支撑体系，使生态循环农业发展真正有标可依、有章可循。突出生态循环农业发展关键领域和核心环节的技术攻关，重点在节约资源和保护环境的生态农业技术、立体复合的农作制度、农产品精深加工技术、废弃物综合利用技术、相关产业链接技术以及可再生能源开发利用技术上有新突破，使生态循环农业技术涵盖整个生产过程。依托农业科技创新平台，积极推进技术集成配套，形成传统实用技术与现代信息工程技术、生物工程技术、环境工程技术等有机结合的技术集成，为生态循环农业持续发展提供支撑。加强技术应用推广，分级分类开展技术培训，扩大生态循环农业技术的覆盖面。鼓励和支持基层农技人员以科技示范场、农技推广项目等为载体，开展生态循环农业技术的试验、示范。以专业大户、家庭农场、专业合作社、农技服务组织技术骨干和农创客等为重点，深入实施新型农民培育、绿色证书培训和科技入户，加快培育一批生态循环农业科技带头人，带动生态循环农业技术的应用示范和辐射推广。

四、落实服务保障

生态循环农业涉及产前、产中、产后各领域,具有跨产业、跨主体等特点,健全生产经营服务是支撑其健康发展的重要内容。强化农业生产专业化服务,鼓励和支持科研机构、技术人员、专业组织通过承包服务、委托管理、技物结合等方式,开展农资供应、肥水管理、病虫防治等专业化服务,提高先进适用技术的到位率。强化农业废弃物再利用服务,按照政府支持、市场化运作的思路,积极鼓励社会力量创办提供农业废弃物再利用服务的专门机构,开展废弃物收集处理、有机肥加工制造、农产品加工废弃物综合利用、农业废旧设施回收利用等服务,完善服务网络和产业化经营机制,为跨区域、跨产业的生态循环农业发展提供有效和便捷的服务。按照服务专业化、管理物业化的原则,鼓励企业、农户等通过协会领办、个体承包、股份合作等多种运行机制,创建农村沼气服务组织,建立乡村沼气服务网点,为沼气用户提供建池施工、技术指导、运行维护等服务。注重顶层设计,强化政策支持,增强推进合力,突出示范带动,促进生态循环农业建设迈上快车道。将生态循环农业作为绿色产业与美丽经济新业态加以大力培育,重点建设畜禽排泄物资源化利用、秸秆综合利用、化肥和农药减量、农业节水系统,完善农牧结合、循环利用链接机制,培育一大批生态循环农业生产经营与服务主体。2018 年,全省所有涉农县开展废弃农膜回收,无害化处理率达到 94%;农作物秸秆综合利用率达到 94.4%,比全国平均水平高 10 个百分点。

第五节　修护海洋生态

一、筑牢海洋生态保护红线

浙江海岸线总长 6600 余千米,居全国首位,其中大陆岸线 2100 余千米、海岛岸线近 4500 千米;共有海岛 4300 余个,居全国首位,总面积 2000 平方千米。沿海地区的许多农(渔)民生活在海岛,与大海为伴。保护海洋生态环境,既是实现人海和谐共生的根本要求,也是推进沿海乡村振兴的应有之义。习近平同志多次指出,要高度重视海洋环境综合治理,加强陆域污染源的治理和控制,坚持压缩近海捕捞、发展远洋捕捞、主攻海水养殖的方针,保护海洋生态和渔业资源。为此,浙江先后颁布实施《关于进一步加强海洋综合管理推进海洋生态文明建设的意见》《浙江省海域使用管理条例》等法规政策,编制修订海洋环境与滨海湿地保护、滩涂围垦管理、海洋环境治理修复等有关规定,以实现海洋生态环境质量的整体提高为根本,以维护海洋生态系统为导向,科学划定和管控海洋空间红线。

构建以重要生态功能区为基础,以海岸线为轴,以生态保护红线、海岛(链)等为支撑骨架的海岸带生态安全体系,形成与资源环境承载能力相适应的开发利用格局。大胆创新,建立省、市、县三级以湾长为主,乡(镇)、村两级以滩长为主的架构,成为全国首个在全省范围推进湾(滩)长制工作的省份。加强海洋综合管理,实行海湾、海水、海岛、海滩、海岸的系统协同保护,努力实现"水清、岸绿、滩净、湾美、物丰、人和"的美丽海洋目标。严守海洋生态空间面积不减少、性质不改变、功能不退化的底线,全面维护海洋生态系统的稳定性和功能性。依据《海洋生态红线划定技术指南》，全省已划定 1.4 万余平方千米的海域、740 余千米的大陆自然岸线、3500 余千米的海岛自然岸线作为海洋生态红线，按禁止类和限制类进行管理，实施最严格的管控措施和海洋环境标准。

二、强化海洋生态修复

浙江实施最严格的围填海管控，取消区域建设用海、养殖用海规划制度，严禁审批一般性填海项目。实施围填海空间和用途双重限批，进一步加强事中、事后监管。制定海洋自然岸线保护计划，将自然岸线保有率纳入工作考核。探索建立自然岸线与生态岸线"占补平衡"机制，编制出台《浙江省海岸线整治修复三年行动方案》，加强海岸线生态修复。在全国率先开展入海污染物总量试点，探索县域海洋环境承载力监测评价及入海入江污染物总量控制办法。全面开展入海排污口、养殖尾水、船舶污染等专项整治，大力推进蓝色海湾、生态岛礁整治修复。发布海岛保护名录，突出生态保育、景观修复、宜居宜游、权益维护，改善海岛生态环境和基础设施，恢复受损海岛的地形地貌和生态系统。依法保护和管理海岛生物物种，开展珍稀濒危物种栖息地修复。进一步加强滨海湿地保护，因地制宜修复湿地植被，发布重点保护滨海湿地名录，出台管理办法，对重点湿地实施保护和监管。全省已建立海洋自然保护区 3 个、海洋特别保护区（海洋公园）14 个；建设近海鱼类产卵场保护区 10 个，放流水生生物苗种超过 100 亿单位。

三、维护海洋生物多样性

2014 年起，浙江在全国率先开展"一打三整治"专项执法行动，严厉打击无船名船号、无船舶证书、无船籍港的"三无"船舶及其他各类非法行为，整治"船证不符"渔船、禁用渔具、海洋环境污染。

省人大出台保护海洋幼鱼资源的相关决定,重点打好"幼鱼资源保护战""伏休成果保卫战""禁用渔具剿灭战"。到 2018 年底,全省累计取缔涉渔"三无"船舶 1.5 万余艘,整治"船证不符"渔船 6500 余艘,清缴违禁渔具 50 万余顶。全面清理非法养殖,减少和治理网箱养殖、围涂养殖、工厂化养殖带来的污染,积极发展生态轮养、循环水养殖、净水渔业,把海水养殖场建设成为美丽渔场、海上景观。有序加大海洋水生生物苗种增殖放流力度,推动海洋牧场建设。加强海岛海港生态环境整治,开展油污水、废弃网具、生活垃圾等的集中处理和港域清理,既有效减少对海洋生物的不利影响,又有助于打造生态良好、环境优美、魅力独特的海上美丽渔港。

◆◆ **思考题**

1. 如何正确处理乡村资源开发和保护的关系?

2. 如何充分发挥农民的积极性,让农民既是乡村资源利用的主体、又是保护的主体?

3. 发展生态循环农业有哪些路径可以选择?

4. 在新的形势下,浙江的"河长制"应赋予什么新的内涵?

第四章　美丽乡村建设

◆◆ 内容提要

　　浙江省深入实施"千村示范、万村整治"工程,绘就了尽显生态之美、人文之美、和谐之美的新时代"富春山居图"。全面开启了新时代高水平建设美丽乡村新征程,深入践行绿水青山就是金山银山理念,进一步拓宽"两山"转化通道,大力推进农村治理"三大革命",深入开展美丽系列创建,把美丽乡村建设的先发优势转化为全域长久美丽态势。

　　习近平同志到浙江工作后,十分重视生态文明建设,心系绿色发展。进山区、上海岛、走田野、访农家,在深入调研的基础上,2002 年 12 月,习近平同志主持召开省委十一届二次全体(扩大)会议,提出以建设生态省为重要载体和突破口,加快建设"绿色浙江",努力实现人口、资源、环境协调发展。习近平同志推动浙江成为全国生态省建设试点省,从方案起草、规划论证到工作推进,都是亲力亲为。在 2003 年召开的生态省建设动员大会上,习近平同志在动员讲话中强调,要以人与自然和谐为主线,以加快发展为主题,以提高人民生活质量为根本出发点,以体制创新、科技创新和管理创新为动力,坚定不移实践可持续发展战略,走生产发展、生活富裕、生态良好的文明发展道路。2003 年 6 月,习近平同志亲自推动"千村示范、万村整治"工程在浙江全面展开。2005 年 8 月 15

日,习近平同志在安吉县余村考察时首次提出"绿水青山就是金山银山"。余村坚定践行这一理念,走出了一条生态美、产业兴、百姓富的可持续发展之路,美丽乡村建设在余村变成了现实。时隔 15 年,2020 年 3 月 30 日,习近平总书记再次来到余村,详细了解余村发展情况,对他们发展绿色经济、带动村民增收致富的做法给予肯定。他希望乡亲们坚定走可持续发展之路,在保护好生态的前提下,积极发展多种经营,把生态效益更好转化为经济效益、社会效益。

十多年来,浙江持续推进农村人居环境综合治理,建设美丽乡村,构建人与自然和谐共生的乡村发展新格局。省域山水林田湖草生命共同体基本形成,城乡生态环境和人居环境持续改善,浙江人民在生态环境保护中获取了绿色福利,在生态质量改善中赢得了绿色效益,在人与自然和谐相处中提升了绿色品质。

第一节　从"千万工程"到美丽乡村建设

一、"千村示范、万村整治"

让农村成为安居乐业的美丽家园,是习近平同志浓浓的"三农"情怀,是广大农民群众对美好生活的殷殷期盼。2003 年,在时任省委书记习近平的直接倡导和推动下,浙江决定实施"千村示范、万村整治"工程,用 5 年的时间在全省选择 1 万个左右的行政村进行全面整治,把其中 1000 个左右的中心村建成全面小康示范村。

"千万工程"以推进基础设施向乡村延伸、公共服务向乡村覆盖、现代文明向乡村辐射为重点,突出解决农村环境问题。对整治村的要求,一是环境整洁,做到按村庄规划搞建设,无私搭乱建建筑物和构筑物,垃圾集中存放、及时清运,消除露天粪坑和简陋厕所;二是设施配套,做到村庄主干道基本硬化,有较完善的给水、排水设施,河道应有功能得到恢复,搞好田边、河边、路边、住宅边的绿化;三是布局合理,结合新村规划,实施宅基地整理、自然村撤并和旧村改造。对全面小康示范村的要求,则要在环境方面达到布局优化、道路硬化、村庄绿化、路灯亮化、卫生洁化、河道净化的基础上,按照"村美、户富、班子强"的标准,实现物质文明、精神文明与政治文明的协调发展,建设社会主义新农村。

省委、省政府每年召开现场会,主要领导亲自讲话。省四套班子和各地各部门齐心协力抓督导、抓推进,坚持政府主导与农民主体并重、财政投入与社会共建合力、生态效益和经济效益双赢。到2007年底,全省10303个建制村得到整治,其中1181个建制村建设成为"全面小康建设示范村"。

二、美丽乡村建设

2008年开始,"千万工程"从前期的示范引领进入整体推进阶段,浙江提出将全省建制村全部整治一遍。2010年,浙江认真总结各地开展全面小康示范村建设的经验和安吉开展美丽乡村建设的经验,作出了推进美丽乡村建设的决策,制定实施《浙江省美丽乡村建设行动计划(2011—2015年)》。

美丽乡村建设的主要内容是,按照"规划科学布局美"的要求,推进中心村培育、农村土地综合整治和农村住房改造建设,改善农民居住条件,构建舒适的农村生态人居体系;按照"村容整治环境美"的要求,切实抓好改路、改水、改厕、垃圾处理、污水治理、村庄绿化等项目建设,扩大"千村示范、万村整治"工程的建设面,提升建设水平,构建优美的农村生态环境体系;按照"创业增收生活美"的要求,编制农村产业发展规划,推进产业集聚升级,发展新兴产业,促进农民创业就业,构建高效的农村生态产业体系;按照"乡风文明身心美"的要求,以提高农民群众文明素养、形成农村文明新风尚为目标,加强生态文明知识普及教育,积极引导村民追求科学、健康、文明、低碳的生产生活和行为方式,增强村民的可持续发展观念,构建和谐的农村生态文化体系。

2015 年 5 月,习近平总书记在浙江考察工作时指出,浙江山清水秀,当年开展"千村示范、万村整治"确实抓得早,有前瞻性,希望浙江再接再厉,继续走在前面。按照习近平总书记的要求,浙江重点推进物的新农村与人的新农村齐头并进,以"产村人"融合、"内外魂"并重、"居业游"共进为基本要求,打造美丽乡村建设升级版。

三、乡村建设方法创新

从"千村示范、万村整治"工程到美丽乡村建设,浙江在持续推进农村生态环境改善和美丽家园建设过程中,积极实践探索、创新工作方法,体现出以下特点:

试点先行,有序推进。注重顶层设计,每 5 年出台一个实施意见或行动计划,每年召开现场推进会。坚持试点先行、以点带面,一开始先对基础条件较好的村进行整治,2008 年以后,注重区域化解决农村环境问题,村庄整治由以点为主向点线面块整体推进转变。在整体推进阶段,为集中使用财力、扩大治理效果,引导各地推进沿线连片整治,实现整治一片、改变一片、巩固一片的效果;同时大力推进"四边"(公路边、铁路边、河边、山边等区域)的"三化"(绿化、洁化、美化),打造一批环境优美的生态走廊和景观大道。

在环境整治中,注重建设和管理两手抓,加强后期管理和维护,全面建立农村卫生保洁长效机制。

由表及里,标本兼治。"千村示范、万村整治"工程的启动阶段,建设重点放在布局优化、道路硬化、村庄绿化、路灯亮化、卫生洁化、河道净化上;随着工程建设的深入,则突出垃圾收集处理、卫生改厕、生活污水治理等环境整治重点,统筹推进治水治气、治土治山、治城治乡,大力推进农村环境质量全面提升。深入推进农村劣 V 类水剿灭战,全面推行河长制、湖长制、滩长制,打好治污泥歼灭战,大力推进河湖库塘清淤。积极推进生活垃圾减量化、资源化、无害化分类处理,在全国率先颁布《农村生活垃圾分类管理规范》,推行分类投放、分类收集、分类运输、分类处理和定时上门、定人收集、定车清运、定位处置的"四分四定"制度。

彰显特色,培育品牌。在"美丽乡村"这个全省统一的总品牌之下,各地依托地域特征、产业特色和人文特点,使美丽乡村建设"本土化",如秀山丽水、田园松阳,金色平湖、阳光温岭,龙游天下、梦留奉化,自在舟山、潇洒桐庐,幸福江山、人间仙居,等等。这些名字或与地域名称巧相对,或与地理地貌、人文民俗相关联,朗朗上口,韵味绵绵。如桐庐县的"潇洒"出自北宋名臣范仲淹的诗篇,桐庐人借古诗赋新意,以建设"潇洒桐庐、秀美乡村"为主题,重点打造一批美丽乡村风情带和风情特色村,开展乡村节庆活动,吸引城乡游客到桐庐去欣赏美景。

经营村庄,创业致富。美丽乡村的最终目标,就是用高水平的乡村建设夯实乡村经营的基础,用高效益的村庄经营实现美丽乡村建设的可持续发展。许多地方把县域当作景区来规划,把乡村当作景点来打造,把民居当作盆景来培育,目的在于变资源为产品,既重视把山水保护好,又重视把山水经营好,让绿色发展变为农民创业致富新渠道。美丽乡村建设提高了农民的生活质量,也为村庄长远发展特别是农民增收创造了条件。各地巧借山水、盘活资源,激活"花果经济",发展美丽产业,使潜在的资源转化成了可以增值的资产、资本,促进了农民创业就业和财产性收入不断增加。美丽乡村建设搭建了农民就业新平台,除建设用工需求外,土地流转、规模经营造就了一批农业工人,使之既挣工资又拿流转租金;在农村新社区发展商贸、保洁、保安、维修等服务业,搭建新的就业平台;孵育了休闲农业、乡村旅游、创意农业等新业态,成为农村经济新的增长点和农民增收的新来源。

传承历史,厚植文化。村落是人类的摇篮,是人类文明的根脉,是田园生活的守望地。历史文化村落大多经历了数百年、上千年甚至更长时间的岁月沧桑,承载着厚重的历史文化积淀,是一种不可再生的文化遗产。各地注重乡村优秀传统文化的挖掘和传承,注重中国特色社会主义文化在农村的培育和传播,扎实推进乡村精神文明建设,加大农村非物质文化遗产保护力度,让根植浙江大地的优秀文化代代相传。正确处理保护历史文化与建设村庄的关系,对有价值的古村落、古民居和山水风光进行保护、整治和科学合理的开发利用,切实保护好名人故居、古代建筑和历史文化遗迹,做到传承历史文化与融入现代文明的有机统一。绿水青山处处可见,山水景致、田园风光各地差异也不大,能彰显美丽乡村个性的是当地的人文习俗,能让人回味的是特色民俗民风和不一样的故事传说。只有深入挖掘当地的人文历史,村落、建筑和山水环境才会"活"起来。

党政主导,多方协同。在党委的领导下,充分发挥公共财政的引领作用和政府协调各方的优势,形成党政主导、部门协作、农民主体、社会参与的推进机制。各级财政加大对农村建设的投入,政府的投入撬动更多的工商资本、乡贤资源等社会力量投入村庄整治,形成村企结对、军地结对、市校合作等多种合作模式。在美丽乡村建设中,农民发挥着主体作用,通过村级重大事项民主决策机制,投工投劳、出资出智,以勤劳的双手建设美好家园。美丽乡村建设从根本上改变了农村的面貌,极大地改善了农村的投资环境,从而吸引越来越多的社会资本投资乡村。

四、新时代美丽乡村建设

党的十九大发出实施乡村振兴战略的号召后,浙江召开了全省美丽乡村和农村精神文明建设现场会,强调各地各有关部门要深入学习贯彻十九大精神,全面实施乡村振兴战略,认真践行"产业兴旺、生态宜居、乡风文明、治理有效、生活富裕"的总要求,开启新时代美丽乡村建设新征程,把美丽乡村建设放到更加突出位置,加大力度、加快进度,确保美丽乡村建设高水平有序推进,为新时代美丽浙江建设打下良好基础。出台《全面实施乡村振兴战略高水平推进农业农村现代化行动计划(2018—2022年)》和《浙江省乡村振兴战略规划(2018—2022年)》,以产业更强、环境更美、文化更兴、治理更善、生活更好为目标,实施万家新型农业主体提升、万个景区村庄创建、万家文化礼堂引领、万村善治示范、万元农民收入新增"五万工程"。计划到2022年,全省村庄绿化覆盖率提高到32%,生活垃圾分类处理的村占比达到95%,农村无害化卫生厕所普及率达到99%,县级以上文明村镇占比提高到80%,500人以上的行政村实现文化礼堂全覆盖,农村居民人均可支配收入达到3.5万元,加快推进乡村振兴,打造新时代美丽乡村升级版。

2018年9月,联合国将"地球卫士奖"授予浙江的"千村示范、万村整治"工程。习近平总书记作出重要批示:"浙江'千村示范、万村整治'工程起步早、方向准、成效好,不仅对全国有示范作用,在国际上也得到认可。要深入总结经验,指导督促各地朝着既定目标,持续发力,久久为功,不断谱写美丽中国建设的新篇章。"①中共中央办公厅、国务院办公厅发出通知,要求各地区各部门学习借鉴浙江省始终坚持以人民为中心的发展思想,始终坚持绿色发展和"绿水青山就是金山银山"的理念,并真正转化为引领推动农村人居环境综合治理的具体实践;要坚持高位推动,党政"一把手"亲自抓,"五级书记"一起抓;坚持因地制宜、分类指导,与当地发展阶段相适应;坚持聚焦民生福祉,由易到难,从村庄清洁行动做起,以重点突破带动面上工作;坚持系统治理、久久为功,建立健全长效治理机制;坚持真金白银投入,强化要素保障,建立多元化投入机制;坚持强化政府主导作用,调动农民主体和市场主体力量,形成全社会共同参与推动的大格局。

浙江省十多年来始终践行"绿水青山就是金山银山"的重要理念,一以贯之实施习近平同志亲自调研、亲自部署、亲自推动的"千万工程",村容村貌发生巨大变化,乡村人居环境显著改善,构建起人与自然和谐共生的乡村发展新格局,实现农村生态美与百姓富的统一,持续增强农民群众的获得感和幸福感。2018年底,中央召开深入学习浙江"千万工程"经验全面扎实推进农村人居环境整治

---

① 新华网.中共中央办公厅 国务院办公厅转发《中央农办、农业农村部、国家发展改革委关于深入学习浙江"千村示范、万村整治"工程经验扎实推进农村人居环境整治工作的报告》[EB/OL].(2019-03-06)[2020-03-10]. http://www.xinhuanet.com/politics/2019-03/06/c_1124201181.htm.

会议。2019年,浙江省决定在深入实施"千万工程"的基础上,高水平建设新时代美丽乡村,到2022年实现全省基本建成生态更优良、乡村更秀美、产业更兴旺、文化更兴盛、治理更高效、生活更美好的新时代美丽乡村,将浙江全域打造成为现代版的"富春山居图",努力让"千万工程"这张"金名片"更加亮丽。

第二节　绿水青山就是金山银山

一、绿水青山与金山银山的辩证关系

余村是浙江省安吉县天荒坪镇辖下的一个村,2005年8月15日,时任浙江省委书记习近平下乡调研来到村里。余村此前自办水泥厂、开采石灰岩,虽然经济有了发展,但也破坏了环境。2003—2005年,在安吉"生态立县"的背景下,余村通过民主决策,接连关停了3个石矿、1家水泥厂,开始兴办农家乐。习近平同志表扬余村下决心停掉一些矿山是高明之举,指出一定不要再想着走老路,还是迷恋着过去的那种发展模式,过去讲既要绿水青山,又要金山银山,实际上绿水青山就是金山银山。这是习近平同志首次明确提出"绿水青山就是金山银山"的科学论断,这是事关浙江乃至中国未来的重要战略思想。

9天后,习近平同志在《浙江日报》发表《绿水青山也是金山银山》一文,指出:"我省'七山一水两分田',许多地方'绿水逶迤去,青山相向开',拥有良好的生态优势。如果能够把这些生态环境优势转化为生态农业、生态工业、生态旅游等生态经济的优势,那么绿水青山也就变成了金山银山。绿水青山可带来金山银山,但金山银山却买不到绿水青山。绿水青山与金山银山既会产生矛盾,又可辩证

统一。"①按照习近平同志揭示的绿水青山与金山银山的辩证关系,安吉县选择建设美丽乡村,开启了在发展中保护、在保护中发展的全新征程,结合新农村建设,把村庄变美,让生态产生效益。

2006 年 3 月 23 日,习近平同志在《浙江日报》的《之江新语》专栏上撰文指出:"可以说,在实践中对这'两座山'之间关系的认识经过了三个阶段:第一个阶段是用绿水青山去换金山银山,不考虑或者很少考虑环境的承载能力,一味索取资源。第二个阶段是既要金山银山,但是也要保住绿水青山,这时候经济发展与资源匮乏、环境恶化之间的矛盾开始凸显出来,人们意识到环境是我们生存发展的根本,要留得青山在,才能有柴烧。第三个阶段是认识到绿水青山可以源源不断地带来金山银山,绿水青山本身就是金山银山,我们种的常青树就是摇钱树,生态优势变成经济优势,形成了一种浑然一体、和谐统一的关系。"②这一精辟论述,强调了生态保护建设的优先论,体现了经济发展与环境保护的统一论,蕴含了生态优势向经济优势的转化论。

二、持之以恒践行"两山"理念

浙江坚持一张蓝图绘到底,持之以恒推进生态建设,打开绿水青山转化为金山银山的通道。2003 年,浙江成为全国生态省建设试点省份,并实施"千村示范、万村整治"工程。2004 年开始,连续实施 4 轮"811"环保行动,生态省建设步伐加快。2005 年起,在全国率先出台生态保护补偿制度,对钱塘江源头地区的 10 个市、县实行省级财政生态补偿试点。此后,又推出了对全省八大水系源头地区的 45 个市、县实行生态环境保护财力转移支付,实施最严

---

① 习近平.之江新语[M].杭州:浙江人民出版社,2007:153.
② 习近平.之江新语[M].杭州:浙江人民出版社,2007:186.

格的水资源管理制度,对丽水等重点生态地区不考核 GDP 和工业产值等举措。2010 年,浙江提出建设全国生态文明示范区。2012年,提出坚持生态立省方略,加快建设生态浙江。2013 年,提出建设美丽浙江。2013 年 10 月,全国改善农村人居环境工作会议在浙江桐庐召开。2014 年,作出建设美丽浙江、创造美好生活的决定,进一步提升生态文明建设水平,打造"美丽中国先行区"。2017 年 6 月,浙江省第十四次党代会明确提出要深入践行"绿水青山就是金山银山"科学论断,在提升生态环境质量上更进一步、更快一步,努力建设包括美丽生态环境、美丽生态经济、美丽生态文化和美丽生态人居在内的美丽浙江,为人民群众创造优良的生产生活环境。

2010 年 9 月,浙江省人大常委会决定每年 6 月 30 日为"浙江生态日",这是全国首个省级生态日。2012 年起,浙江实施公路边、铁路边、河边、山边等区域洁化、绿化、美化的"四边三化"行动,让人民群众切身感受到生产、生活环境的改善。2013 年开始,开展改造旧住宅区、旧厂区、城中村和拆除违法建筑的"三改一拆"工作,切实提升城乡人居环境。2014 年以来,持续推进以治污水、防洪水、排涝水、保供水、抓节水为重点的"五水共治",打造生态宜居安全的美好家园。2016 年,启动小城镇环境综合整治行动,全面改善环境卫生、城镇秩序和乡容镇貌。2017 年,提出建设"大花园",要求持续推进生态文明建设,把全省打造成为人与自然和谐相处的大花园。

2018 年,习近平总书记专门作出批示指出,浙江省 15 年间久久为功,扎实推进"千村示范、万村整治"工程,造就了万千美丽乡村,取得了显著成效。从绿色浙江建设到生态省建设,再到生态浙江建设,进而到美丽浙江建设,浙江秉持"一张蓝图绘到底""一任接着一任干"的接力精神,顺应人民群众日益增长的美好生活需要,持续推进,不断深化,生态文明建设取得良好成效,人与自然和谐共处的态势日益明显。

三、探索生态产品价值实现机制

生态系统生产总值(简称 GEP),是指生态系统为人类福祉和经济社会可持续发展提供的各种最终产品与服务价值的总和,主要包括生态系统产品价值、生态调节服务价值、生态文化服务价值。探索生态产品价值实现机制,是为了在生态产品与服务的供给领域形成市场机制,充分体现生态系统价值,为保护和改善生态提供激励,为生态地区带来经济改善。浙江省从 2003 年就开始探索生态产品价值实现机制,丽水市、安吉县等地的工作走在全国前列。2018 年 4 月,习近平总书记在深入推动长江经济带发展座谈会上点赞丽水对生态产品价值转化的探索,并要求选择具备条件的地区开展试点。2019 年 1 月,国家有关部门正式发文支持丽水成为全国首个生态产品价值实现机制试点城市。

丽水市深入践行"绿水青山就是金山银山"理念,以提供更多优质生态产品满足人民群众日益增长的优美生态环境需要为主线,协同推进省域大花园核心区和绿色发展综合改革创新区建设,率先探索政府主导、企业和社会各界参与、市场化运作、可持续发展的生态产品价值实现路径,实现"绿起来""富起来""强起来"有机统一,为建设现代化生态经济体系提供重要支撑。主要目标是,聚焦生态农业、生态工业、生态旅游业、健康养生业等,形成多条生态产品价值实现路径,生态系统生产总值(GEP)和地区生产总值(GDP)实现双增长;以维系生态系统原真性和完整性为导向,建立一套科学、合理、可操作的生态产品价值核算评估体系;围绕自然资源资产产权制度改革、生态产品政府采购、生态产品交易市场培育、生态产品质量认证、绩效评价考核和责任追究等方面,探索形成可复制、可推广的制度体系;创建服务全国的中国(丽水)两山学院,设立高端智库,强化与国际一流绿色发展机构和科研团队的合作交流。

丽水探索生态产品价值实现,重点建立健全五项机制。一是价值核算评估应用机制。建立目录清单,完善指标体系、技术规范和核算流程,制定生态产品政府采购目录,建立根据生态产品质量和价值确定财政转移支付额度、横向生态补偿额度的体制机制;探索建立生态产品价值年度目标考核制度,将生态产品价值实现机制试点工作纳入干部自然资源资产离任审计内容。二是生态产品市场交易机制。建立自然资源资产全面调查、动态监测、统一评价制度,重点界定水流、森林、湿地等自然资源资产的产权主体及权利;强化生态保护修复的产权激励,开展集体林地地役权改革,完善集体林地"三权分置"、经营权流转、集体林租赁等机制;健全公益林分类补偿和分级管理机制,提高生态公益林补偿标准,推行公益林收益权质押贷款模式;推进河道资源管理改革和农村宅基地"三权分置"改革;培育一批从事生态保护修复和治理的专业化企业和机构,设立政府主导,水电生产、生物医药(不含化学合成工艺)等生态产品利用型企业参与的生态保护基金;通过用能权交易机制鼓励清洁能源消费,探索用能权、碳排放权等权益的初始配额与生态产品价值核算挂钩;建立企业和自然人的生态信用档案、正负面清单和信用评价机制,实行生态信用行为与金融信贷、行政审批、医疗保险、社会救助等挂钩的联动奖惩;鼓励各类金融机构加大对绿色发展的支持力度,推动银行、证券、基金等金融机构设立生态产品价值实现专项基金,支持探索农产品收益保险和绿色企业贷款保证保险。三是生态价值产业实现机制。高质量建设丽水农业绿色发展先行示范区和百万亩海拔 600 米以上绿色有机农林产品基地,加快建设"丽水山耕"生态产品研发平台和核心产品库,推进山区珍稀濒危植物类、药用植物类、生态修复植物类等种质资源库建设;实施最严格的生态工业准入制度,加快发展高端装备、生命健康、数字经济、节能环保等产业;培育生态旅游康养产业,打造瓯江山水诗之路黄金旅游带,建设瓯江中上游休闲养生新区,推进缙云仙都、古堰画乡、遂昌金矿、云和梯田等创建 AAAAA 级旅游景区,打造青田石雕、龙泉青瓷、景宁畲乡等旅游风情小镇和历史经典文化小镇;组织国际马拉松赛、国际自行车赛、少数民族传统运动会等品牌赛事,加快瓯江绿道网建设,打造国际徒步健身康养胜地;系统复活古村风貌,积极发展休闲农庄、乡间客栈、文化驿站等乡村旅游新业态,打造一批宜居宜业宜游的古村复兴示范村落;运用物联网、人工智能等前沿技术,融合山水林田湖草及大气、土壤、危险废物等各类生态环境数据,建立覆盖市域,集生态环境展示、生态状况预警、生态应急处置、生态标准认证、生态数据应用、生态信用建设于一体的大数据平台。四是生态产品质量认证机制。构建以"丽水山耕""丽水山居""丽水山景"等核心品牌为主的地域特色公用品牌体系,培育一批品牌示范企业;引导行业协会、示范企业参与标准制定,实施一批质量标准提升示范项目;构建网商、电商、微商融合的营销体系和品牌推介平台,培育"丽水山耕"产品加盟基地。五是生态价值实现支撑机制。加强生态保护红线管控,确保市域生态保护红线面积不减少、功能不降低;实施生物多样性保护工程,开展百山祖冷杉等濒危物种拯救保护行动;

推进山水林田湖草生态保护与修复,加强松材线虫病防治,实施林相改造,建设云和梯田国家湿地公园,建成望东垟等国家级自然保护区;开展全域土地综合整治与生态修复,加强农村垃圾治理,对生态搬迁迁出区实施退耕还林还草还湿、开垦地造林等修复措施;加快浙西南综合交通建设,支持"四好农村路"、通景公路建设,实现 AAAA 级以上景区等基本通达二级以上公路,历史文化名村、美丽乡村精品村、旅游风情小镇等基本通达等级公路;聚焦生态产品价值实现、前沿生态技术研究等方向,合作设立生态科创中心,强化人才科技支撑;与经济发达地区、长江经济带相关省市及对口支援地区、国际性绿色发展组织开放合作交流。

第三节　推进农村治理"三大革命"

一、生活污水治理

自 2003 年实施"千万工程"起,浙江同步开展农村生活污水治理。到 2013 年 7 月,全省 2.86 万个建制村中,除按城镇规划明确需整体撤并和在高山远山不需集中治理的 3900 个村外,已有 1.6 万个村全部或部分开展这项工作,占应治理村的 2/3,其中有 3000 多个村建设了生活污水处理设施。2014 年起,浙江省进一步加大力度,实施农村生活污水治理三年行动。到 2016 年底,全省累计投入资金 350 多亿元,完成 2.3 万个建制村的生活污水治理,基本实现规划保留村有效治理全覆盖。

农村生活污水包括人粪尿及洗涤、洗浴和厨用废水等,其治理一般包括农户接入、管道联通、终端设施运营三个部分。区位条件允许的村庄,积极纳入城镇污水处理系统;不能进厂处理的村庄,自建处理终端,通过截污纳管集中收集处理污水;自然村较多、分布较散的建制村,以居住点为单位,自建若干个处理终端进行处理;居住特别分散的村或山区村,以联户或单户等方式,就近或就地处理。经治理后的生活污水根据受纳水域的功能要求,执行不同的排放标准:去向为土地排放、农田灌溉、普通河道的,要求符合三级标准;涉及对江河源头或饮用水源地排放的,要求符合一级或二级标准。

农村生活污水处理的难点不仅在于设施的建设,还在于设施的运营和维护。按照属地为主、条块结合、权责明确的原则,浙江各地普遍建立以县级政府为责任主体、乡镇政府为管理主体、村级组织为落实主体、农户为受益主体、第三方专业服务机构为服务主体的"五位一体"设施运行维护管理体系。出台《农村生活污水治理设施运行维护技术导则》《农村生活污水处理设施标准化运维评价导则》等十多个运维管理标准,对运维管理和第三方服务机构水平提出明确要求,同时也为处理设施运行维护和管理提供了依据。出台相关考核办法,对农村生活污水处理设施运维管理工作进行考核评价,表彰工作优秀单位,并给予一定资金奖补。

二、生活垃圾分类处置

生活垃圾日益增多,已成为农村环境综合整治的重点和难点之一。在深化"千万工程"、建设美丽乡村的过程中,浙江制定颁布《农村垃圾分类管理规范》,全面推行农村生活垃圾分类投放、分类收集、分类运输、分类处理和定时上门、定人收集、定车清运、定位处置"四分四定",建立起"户集、村收、镇运、县处理"的生活垃圾收集处理体系。到2018年底,全省配有农村保洁员6万多名,配置清运车6万多辆,农村生活垃圾分类处理建制村覆盖率达61%,生活垃圾资源化利用率达82％。

强化责任落实，先易后难抓好分类。各地领导重视、部门协作、落实举措、形成合力，建立周督查、月例会、年考评等制度，抓好工作推进。发动农户对日常生活垃圾按照可腐烂、不可腐烂的标准分类投放，将可腐烂的垃圾就地堆肥还田，将不可腐烂且难以回收利用的垃圾集中外运处理；其他垃圾按照可卖、不可卖进行分类，对于书报杂志、包装纸箱、金属制品等，鼓励农户通过专业公司回收利用，电池、建筑垃圾等则另行处理。"二次四分"垃圾分类法好记易分，既有效破解分类不到位的难题，又大大减少了垃圾填埋的总量。村里配有垃圾分拣员，负责纠正农户垃圾分类不到位的情况。

坚持因村制宜，完善配套设施建设。建立财政投入为主、社会共同参与的多元化资金筹集方式，重点抓好太阳能垃圾堆肥房、垃圾分类车、垃圾箱等设施的配套。可腐烂垃圾堆肥后，由专业公司、农业合作社负责用于制作环保酵素或还田增肥，实现资源化利用。每村都配备垃圾分类车，每户都统一配发垃圾分类箱。完善可再生资源回收机制，对分拣出的可利用物实行定点、定时回收。

严格监督检查，健全长效管理机制。重点落实工作考核，每月随机抽查各村的垃圾分类情况，并将考核结果予以公布，根据检查考核情况，分档给予差别化奖励。开展评优活动，对评出的优秀垃圾分拣员和垃圾分类先进户给予一定的奖励，鼓励大家做好垃圾分类。

广泛宣传发动，引导各方共同参与。突出抓好对农村女户主、中小学生、企事业单位三类重点对象的宣传教育，宣传垃圾分类的意义，开展业务培训，让每个农户都知道垃圾为什么要分、怎么分、分了去哪里。加强对党员、干部、美丽家庭户的检查,确保重点示范户分类到位。开展以无乱搭乱建、无乱堆乱放、无乱贴乱画、无裸露空地等为内容的美丽村庄创建,进一步促进垃圾分类处置到位。

三、卫生厕所改造

农村户厕改造是改善农村基本卫生条件的重要内容,对预防控制肠道传染病、提升农村人居环境质量、提高群众文明卫生素养具有直接意义。浙江高度重视农村改厕工作,因地制宜,创新方法,采取多种形式大力推进农村改厕。在原先农村开展爱国卫生运动、实施"两管五改"(管水、管粪,改水井、改厕所、改畜圈、改炉灶、改造环境)的基础上,2003 年起,浙江把农村改厕纳入"千万工程",多部门联合推进,取得良好实效。2014 年以来,进一步把农村改厕与农村污水治理统筹规划、统一建设,加快了全省农村改厕步伐。

为确保改厕工程质量,重点强化标准化建设和技术指导,浙江制定实施《农村厕所建设和服务规范》等地方标准,编印农村改厕项目工作指南、技术指导手册、三格式卫生厕所参考图集等,为基层提供技术参考。召开现场推进会、经验交流会,加强实地检查指导,确保工程质量。分级开展改厕技术培训,提高基层改厕队伍技术水平。通过大众传播手段、新媒体和万场健康讲座进基层等方式广泛宣传健康知识,借助创建健康促进学校、健康促进县(区)等活动,提升村民卫生健康意识,提高村民对改厕工作的认知度和参与度。

至 2018 年底,全省农村卫生厕所普及率为 99.65%,无害化卫生厕所普及率为 98.55%。在改善农村卫生设施、提升人居环境的同时,肠道传染病也得到较好控制。与 2003 年相比,2018 年全省肠道传染病发病率从 78.02/10 万下降到 9.11/10 万,肠道传染病占甲乙类传染病的比例从 27.14% 下降到 5.01%。

第四节　开展美丽系列创建

一、实施万村景区化行动

2017 年,浙江省第十四次党代会提出推进万村景区化建设,发展乡村旅游、民宿经济,全面建成"诗画浙江"中国最佳旅游目的地。明确到 2022 年,全省 1 万个村成为 A 级以上景区村庄,其中 1000 个村达到 AAA 级景区村庄标准。万村景区化建设是"千村示范、万村整治"的升级版,是省域大花园建设的基础性工程,有力促进基础设施的完善和公共服务水平的提升,丰富乡村旅游产品供给,全面推进农村一二三产融合,推动美丽乡村向美丽经济发展。到 2018 年底,全省已创成 A 级景区村庄 4876 个,其中 AAA 级景区村庄 750 个。环境美、产业旺、文化兴的美丽景区村庄在浙江遍地开花,到乡村呼吸新鲜空气、感受纯朴生活、体验农耕文化,已成为一种新的生活方式。

坚持标准引领。浙江制定下发地方标准《景区村庄服务与管理指南》,对景区村庄的基本条件、旅游交通、环境卫生、基础设施与服务、特色项目与活动、综合管理提出了相关要求。汇编了《浙江大景区创建纪实——走进 50 个样板 A 级景区村庄》,指导基层万村景区化建设。

加强力量统筹。各部门统筹协力,两次召开全省全域旅游发展暨万村景区化工作推进会。省级财政专门安排专项资金,对成功创建 AAA 级景区村庄的实施以奖代补。各地通过提升村庄环境、配套基础设施、培育旅游业态、加强宣传营销等行动,全面推进村庄景区化建设。

引入市场机制。探索工商资本与村集体合作模式,引进有理念、有实力的投资业主,利用村集体闲置土地、房屋等,进行旅游开发。一些地方采取"政府＋村集体"模式,政府以国资公司投资入股,村集体以资产、资金入股,积极发展乡村旅游,培育新型经营主体,加快形成农民参与、市场化运营的合作共赢机制,共同做好开发建设、经营管理等工作。

破解要素难题。开展拯救老屋行动,积极盘活存量资源,严控新增建设用地,做到能修复利用的,绝不新建新造。采用"征用＋挂牌""收储＋挂牌""收回＋租赁"等模式,盘活了一批古村落资源。吸引多方人才到乡村,实现村庄景区经营的可持续发展,让村庄成为游客青睐的乡村旅游目的地。引入专业化管理团队,解决村庄景区规划、运营的人力智力等问题。遴选、包装多个村落景区项目,面向社会招选专业运营商,既对村落景区实行捆绑式的资源整合和品牌运营,又挖掘开发了一大批以当地土特产为基础的旅游商品。

注重个性发展。坚持从实际出发,因村施策,分类推进,不搞统一模式。突出地域特色,努力将当地的自然风光、历史文化、民俗风情、农家小吃等特色资源与乡村休闲旅游紧密结合起来,发展"一村一品""一镇一业"。以建设"四好农村路"、水利防洪堤、"万里绿道网"为契机,打造乡村绿道慢行系统,设立徒步、骑行驿站,形成乡村旅游线和片。把景区村庄打造与小城镇环境综合整治、旅游风情小镇和美丽县城建设等工作有机结合,实现全域美丽。

二、建设美丽河湖

聚焦高质量建设美丽浙江、高标准打好污染防治攻坚战的要求,浙江从 2018 年起开始建设美丽河湖,重点突出水环境质量再提升、污水处理标准再提升。坚持一手抓污染减排,把污染物的排放总量减下来;一手抓生态的保护和修复,增强生态系统的自净能力。

加快工业园区、生活污染源整治以及水生态系统护理,全面实施污水处理厂清洁排放、饮用水水源达标、河湖生态修复、全民节水护水等行动。发布、实施更严格的治水"浙江标准",进一步发挥环境标准的引领和倒逼作用。开展以工业园区和生活小区为主的污水零直排区建设,对生产生活污水实行截污纳管、统一收集、达标排放,做到"晴天不排水,雨天无污水"。推进小餐饮、洗浴、洗车、洗衣、农贸市场等其他可能产生污水的行业污水零直排,确保污水应截尽截、应处尽处,加快治水从治标向治本、从末端治理向源头治理转变。

强化农村面源污染治理,继续全面实施畜禽养殖禁限养区制度,实行养殖区域和排污总量"双控"。开展水产养殖污染防治,积极推广生态养殖。运用物联网智能化管理,有效降低化肥、农药的使用量。通过农牧有机融合、秸秆废弃物综合利用、氮磷养分拦截,基本实现农业废弃物"零排放、全消纳"。在农村生活污水治理基本实现建制村全覆盖的基础上,推行处理设施标准化运维。持续推进农村"垃圾革命""厕所革命"。更加严格完善水环境管控制度。加强上下游、左右岸的联合监测、联合执法、联合治理,确保河湖水质不断提升。

三、打造美丽田园

在实施"千万工程"、建设美丽乡村的过程中,浙江于 2016 年起开展打造整洁田园、建设美丽农业专项行动,致力于形成基础设施完善、生产环境整洁、产业布局合理的美丽田园,切实把农业建设成为美丽产业。集中清除田野各类积存垃圾,重点整治丢弃于田间地头、沟渠水边的秸秆、农膜、农业投入品包装物等废弃物,加强日常动态保洁,进一步改善田园生产环境。对"脏乱差"的设施大棚、栏舍、生产管理用房等,进行更新、维修、改造。对农业生产区域内的违法建筑和设施,依法予以拆除。新建、改建、扩建种养大棚和农业生产管理用房等设施,选址符合土地利用总体规划和设施农业用地相关政策,外观设计、色彩风格与自然环境相协调。推动村庄保洁向农田区域延伸,配备相应的保洁设施和保洁人员,实行一体化管护。进一步完善以"市场主体回收、专业机构处置、公共财政扶持"为主要模式的农药废弃包装物回收和集中无害化处置体系,增设统一回收点,实现农田区域全覆盖,改善田园环境,保障生产生态安全。

按照田成方、树成行、路相通、渠成网、涝能排、旱能浇的要求,进一步加强农田道路、水利、电力、林网等基础设施的配套建设。因地制宜、分类指导,对农田区域内的电力、广电、通信等各类杆线进行合并、清理、改造,或局部改为地下埋设,进一步净化田园空间环境。加强农田绿化美化,对裸露地块和季节性抛荒农田及时进行复绿复耕,让绿色无处不在、四季不断。积极推行农牧结合等新型农业种养模式和统防统治、绿色防控、配方施肥、健康养殖等新技术,持续推进化肥、农药的减量化使用,提高农业清洁化生产水平。加快畜牧业转型升级,推广绿色生态养殖模式,全面落实养殖排泄物资源化综合利用和死亡动物无害化处理。强化土壤污染源头防控,切实阻止工业性污染物进入农田,严格禁止养殖排泄物未经达标处理随意排放,保护农田土壤、水体安全。加强秸秆资源综合利用,有效遏制露天焚烧农作物秸秆行为。

依托绿水青山、田园风光、农耕文化等资源,充分挖掘农业净化空气、涵养水源、调节气候的生态功能和美化田园、呵护山水的景观功能,促进农业与旅游、教育、文化、健康养生等产业深度融合,加快发展休闲农业与乡村旅游。加强田野整体设计,合理搭配色彩品种,让美丽农业有"看头";重视农业文化遗产保护与利用,传承农耕文化,挖掘历史遗存,感受乡风民俗,让美丽农业有"说头";拓展农业多种功能,加快发展体验农业、休闲农业和创意农业,培育分享农业、定制农业、养生农业等新产业、新业态、新模式,让美丽农业有"玩头"。

四、构建美丽乡村风景线

美丽乡村风景线建设,以沿景区、沿产业带、沿山水线、沿人文古迹等区域为重点,以绿化彩化、干净整洁、立面改造、品质塑造等为内容,把庭院建成精致景观小品,把村庄建成特色景点,把沿线建成风景长廊,全面提升农村人居环境和群众生活品质。

按照主题突出、特色鲜明、形象亮丽、可憩可游的要求,高标准、有特色地编制景观线建设规划。对照一年成形、两年成景的目标要求,实行项目化管理,明确景观线建设整体要求和分年度实施项目,统筹推进全线节点完善、沿线整治、景观营造、形象提升等工作,谋划串联景观线上的美丽山水、自然景色、精致村庄、美丽田园等要素,展示鲜明个性,体现文化内涵,反映风貌特色。通盘谋划、注重实效,优先启动建设重要景观节点和公建设施等项目,着力打造有看点的美丽乡村精品线路,建设一道道亮丽的风景线。

立足一条景观线就是一条文化链,突出文化内涵,打造富有区域特色的乡村精品线。着力挖掘名人古居、古祠、古桥、古树等文化印记,建设有文化、有内涵、有故事的美丽乡村线路。依附历史名人和文化背景,以名人纪念馆、作品展示馆、和美乡风馆、历史主题公园等为核心组合历史人文景观线。把景观线建设与特色产业发展结合起来,谋好项目、建好平台,真正让景观线成为产业路、富民路。如德清县环莫干山异国风情景观线,围绕裸心谷等"洋家乐"规划设计景观环线和沿线节点,打造出以"自然、生态、异国、人文"为主题的精品观光线路,有效带动了县域西部乡村旅游发展。

强化组织保障,推广"县(市、区)领导＋部门＋镇(街道)"的工作推进机制,分管的县领导协调处理相关问题,部门充分发挥职能优势,责任单位牵头抓总,落实规划设计、资金保障等工作。注重与县域景区、产业发展、乡村旅游等相结合,做到相互融合、相得益彰。坚持景观线和沿线创建村同步设计、同步建设,努力形成协调统一的整体风貌。把打造美丽乡村风景线与产业发展相结合、与农民增收相结合、与推动大众创业相结合,实现美丽建设由"要我干、帮我干"向"我要干、我能干"转变。义乌市近年来规划建设了画里南江、人文上溪、德胜古韵、多彩华溪、红糖飘香等 10 条美丽乡村精品线,实施项目 130 多个,既有效改善了乡村坏境,又促进了农村业态的丰富和农民收入的增加。

五、推进美丽庭院创建

2016 年,浙江省妇联会同农业农村工作部门,在全省开展美丽庭院创建活动,每年创建美丽庭院 30 万户。通过推出新举措、新方法,着力破解农户庭院提升难、群众自发参与难、建设效果持续难等问题,成功打造了一批"洁、齐、绿、美、景、韵"的"六美"庭院,以美丽庭院扮靓美丽乡村。

推动庭院外观换新颜。将美丽庭院建设工作列入乡镇(街道)、村领导班子职责分工,以村为功能单元,组织开展庭院清扫、美化、监督等。建立庭院建设网格化管理体系,落实人员每月对网格内庭院建设情况进行跟踪走访。设立美丽庭院讲习所,先后推出花卉养护、旧物改造等课程,有的地方还邀请专业院校参与美丽庭院建设,组建志愿服务队深入农户指导庭院改造和花卉种植。针对不同地区的不同情况,依托自然环境,注重地域特色,采用区域分割法、无中生有法、见缝插绿法、变废为宝法、怡情造景法等方法,分类实施美丽庭院创建,打造干净整洁、特色鲜明的景观小品。

发动群众积极扮靓家园。广泛发动农村党员、妇女干部、巾帼志愿者等骨干,组建卫生清洁志愿队、庭院环境管理队等工作队伍,通过动员会、现场会、专题日等多种形式,推进美丽庭院创建工作。探索"美丽庭院+乡贤""美丽庭院+民宿"等模式,引导乡贤为美丽庭院建设出点子、出资金,聘请有专业特长的民宿业主为庭院建设指导老师,手把手传授庭院打理技巧。将家风建设纳入美丽庭院建设内容,倡导家家立家规、户户晒家训,摒弃乱堆杂物、乱抛垃圾等不文明行为,以家庭美德引领庭院建设。

多措并举落实长效机制。注重集中整洁与长效管理的有效结合,着力提升农户的主人翁意识,促进美丽庭院有人创、有人管、有人评、有人推。建立考核督查制度,以村为单位开展年度考核,对先进村予以鼓励,对未通过考核验收的村给予通报批评,倒逼责任落实。充分利用农村文化礼堂、网络平台和妇女之家等阵地,灵活运用多种宣传载体,激发农户家庭由"要我做"向"我要做"转变的主体意识。通过评奖式方法激励群众,以农户为主体组织检查评比并实行奖励,对评为优胜的,予以每户 500～1000 元不等的资金奖励。

六、提升美丽城镇

小城镇建设是美丽浙江的重要组成部分,也是实施乡村振兴战略、实现城乡融合发展的重要途径。2016 年,浙江启动实施小城镇环境综合整治工作,加强规划设计,整治环境卫生、整治城镇秩序、整治乡容镇貌,彻底解决小城镇的"脏乱差"问题。到 2018 年底,全省小城镇新建和提升农贸市场 1200 多个,清除露天粪坑、粪桶、棚厕、旱厕 12 万余个,整治杂乱屋顶 2400 多万平方米,新建和改造公共厕所 1.34 万余座、垃圾中转站 1400 余个,新增停车泊位 49 万多个,新建和提升街头广场 2500 多个、公园 1800 多个,新增公共绿地 1500 万平方米,新建雨污管网 1 万多千米,改造提升排水管网超过 5300 千米,保护修复历史文化街区 900 多个、历史建筑 7800 处,弥补了小城镇的环境短板,增强了发展活力,促进了城乡融合,得到了群众的一致认同。全省 1191 个小城镇中,2017 年有 465 个小城镇率先完成综合整治任务,2018 年又有 635 个小城镇通过达标验收,2019 年最后 91 个小城镇考核达标,浙江全面完成小城镇环境综合整治任务。

2019 年 8 月,浙江为协调推进乡村振兴战略和新型城镇化战略,坚持以人为本、融合发展、统筹兼顾、彰显特色,在小城镇环境综合整治取得阶段性成效的基础上,决定建设功能便民环境美、共享乐民生活美、兴业富民产业美、魅力亲民人文美、善治为民治理美的美丽城镇,加快形成城乡融合、全域美丽新格局。目标到 2022 年,全省 300 个左右小城镇达到美丽城镇要求,构建宜居宜业、舒适便捷的镇村生活圈,城乡融合发展体制机制初步建立,推动形成工农互促、城乡互补、全面融合、共同繁荣的新型城乡关系。到2035年,美丽城镇建设取得决定性进展,城乡融合发展体制机制更加完善,全省小城镇高质量全面建成美丽城镇。

功能便民环境美。持续整治小城镇环境卫生、城镇秩序和乡容镇貌,积极打造美丽民居、美丽庭院、美丽街区、美丽社区、美丽厂区、美丽河湖、美丽田园等。优化路网结构和交通组织,增加停车泊位供给,完善近距离慢行交通网,建设智能交通系统,推进城乡客运一体化,加快建设"四好农村路"和美丽公路。加强地下空间开发利用,统筹各类市政管线敷设。全面提升供水水质,保障供水安全。因地制宜推进城乡生活污水治理。改造提升农村厕所、旅游厕所。完善生活垃圾分类处理体系,加强垃圾投放、收集、运输和处置系统建设。加强防洪排涝能力建设,保障防洪安全。加快网络设施数字化迭代,积极推广民生领域服务现代信息技术应用,推进"城市大脑"向小城镇延伸,推进平安乡村、智安小区建设和居住出租房屋"旅馆式"管理。

共享乐民生活美。有序开展镇中村、镇郊村改造。优化空间布局,促进住房供需平衡、职住就近平衡。加强农房设计和建设管理,城镇建成区严格控制新建单家独户的农民自建房。优化城镇商贸服务功能,打造商贸特色街,加大放心农贸市场建设力度,提升发展专业市场。培育和引进品牌连锁超市,完善图书馆、社区文化家园、文体综合服务中心、绿道、体育场馆等公共文体设施,打造特色运动休闲小镇、文化创意街区、民俗文化村等。全面推进县域医共体建设,重点提升镇村医疗卫生机构服务条件和能力。全面推进农村学校与城区学校组建城乡教育共同体,加快构建城乡全覆盖、质量有保证的教育公共服务体系,促进教育均等化。加快居家养老服务中心建设,发展智慧养老服务,推进医养结合、康养服务,鼓励家政、护理等机构进社区。

兴业富民产业美。统筹城乡产业布局,推进镇域产业集聚,引导农村地区的企业或作坊区域聚集化、生产清洁化、管理规范化。完善激励与倒逼机制,建设提升小微企业园,引导特色企业入园集聚。强化产镇融合,因地制宜培育多元融合主体,发展多类型融合业态,推动镇村联动发展。提高现代农业发展水平,建设特色农业乡镇。大力发展信息服务、研发设计、现代物流等生产性服务业和文化创意产业,培育发展农村新型电子商务。

魅力亲民人文美。注重文明传承、文化延续,保护好城镇格局、街巷肌理和建筑风貌,加强各类非物质文化遗产的挖掘与传承,科学保护古遗址,整饬老街区,修缮老建筑,改造老厂房,培育一批乡土工匠,延续历史文脉。推进公共文化设施免费开放,组织开展社区群众性文化活动,实现常住人口公共文化服务全覆盖,体现人文关怀。采用微改造、微更新方式,推进城镇物理更新与功能改造,全面提升人居环境品质。以绿道等慢行通道为主线串联整合各类开敞空间,打造蓝绿交织、水城共融的优美环境。推进老旧小区改造,完善配套设施,积极发展社区养老、托幼、医疗、助餐、保洁等现代生活服务业,建设功能复合、使民惠民的邻里中心,加快构建舒适便捷、全域覆盖、层级叠加的镇村生活圈体系。健全多层次、广范围、智能化的旅游服务设施,培育一批特色鲜明、功能完善、服务优良的宾馆酒店和农家乐精品,积极打造镇景融合的旅游风情小镇。

善治为民治理美。制定实施小城镇环境风貌长效管控标准,建立城乡基础设施一体化规划、建设、管护机制。建立乡镇新时代文明实践所,以志愿服务为基本形式开展理论宣讲进农家、核心价值观普及、优秀传统文化滋养、移风易俗、邻里守望帮扶等行动,不断提升公民文明素养和社会文明程度,建设文明村镇。以党建为引领推动自治、法治、德治融合发展,构建共建、共治、共享的社会治理格局。以"最多跑一次"改革为统领,深化"基层治理四平台"建设,促进基层社会治理体系和治理能力现代化。

◆◆ 思考题

1. 如何深刻理解、准确把握"两山"理念的辩证关系,切实打通绿水青山到金山银山的转化通道?

2. 美丽乡村建设如何做到典型带动,实现从"盆景"到"风景"的转变?

3. 如何做到因地制宜,防止美丽乡村建设"千村一面"?

4. 美丽乡村建设过程中如何有效解决资金来源问题?

第五章　乡村文化兴盛

◆◆　**内容提要**

　　乡村发展离不开文化引领,文化繁荣兴盛是乡村社会进步的题中应有之义。浙江省牢牢把握培育和践行社会主义核心价值观这个根本,加强思想政治引领,弘扬时代文明新风,提升公共文化服务,传承优秀传统文化,优化文化资源配置,持续繁荣乡村文化,培育文明乡风,为广大农民提供精神动能、智力支持和道德滋养。

　　文化是民族的血脉和灵魂,是人民大众共同的精神记忆和精神家园。文化也是乡村的根脉,文化兴则乡村兴,文化强则乡村强。文化兴盛既是乡村振兴的重要动力,也是乡村振兴的重要标志。浙江的乡村文化建设坚持科学理论引领,牢牢把握培育和践行社会主义核心价值观这个根本,持续繁荣乡村文化,培育文明乡风,提升乡村社会文明程度。2003 年 7 月,时任浙江省委书记习近平同志把进一步发挥浙江的人文优势、加快建设文化大省作为“八八战略”的重要内容,作出了文化建设的顶层设计。2005 年 7 月,省委十一届八次全会通过《关于加快建设文化大省的决定》,浙江乡村文化建设进入新阶段。2007 年起,浙江开展了以“弘扬新文化、培育新农民、建设和谐新农村”为主题的农民“种文化”百村赛暨民间文化展示活动,成为农村一道独特的文化景观。2014 年开始,浙江省通过深入实施核心价值普及行动、优秀文化传承行动、文化礼堂推进行动、最美风尚培育行动、网络空间清朗行动、诚信建设推进行动等"六大行动",推动社会主义核心价值观落地生根。多年来,全省与时俱进创新活动方式,持之以恒推进乡村文化建设。农村文化礼堂滋养了一批"最美"典型,弘扬了好家风,成为村民的精神家园。开展乡风评议和新乡贤培育活动,运用村规民约、家规家训、牌匾楹联等,潜移默化影响农民的价值取向和道德观念。"我们的村晚""我们的村歌""我们的家训""我们的村风""我们的讲堂"等系列活动,激发了乡村文化的内在活力,提升了浙江人民的文化自信。浙江乡村文化建设与生态建设、经济建设的协同互融越来越紧密,乡村文化为新农村发展提供了宝贵资源,也为乡村振兴注入了新的内涵。

第一节　加强思想政治引领

一、真学深悟科学理论

"人民有信仰,国家有力量,民族有希望。"党的十九大把习近平新时代中国特色社会主义思想确立为我们党必须长期坚持的指导思想,实现了党的指导思想的又一次与时俱进。提升人的思想境界、塑造人的思想品格,最重要的是强化科学理论武装和思想政治引领。浙江认真学习贯彻习近平新时代中国特色社会主义思想,通过加强阵地建设、创新活动方式、注重学用结合,推进学习进村入户、深入人心,增强全省农民群众的政治认同、思想认同和情感认同。一是突出实打实覆盖。扎实做好农村基层学习贯彻习近平新时代中国特色社会主义思想轮训,把学习活动覆盖到乡村。让各级党组织书记承担起学习第一责任人的职责,建立学习制度,拓宽学习平台,丰富学习载体,浙江大地处处闪耀着新时代新思想的金句,呈现出热烈学习交流的生动场景。二是突出面对面宣讲。2017年11月,党的十九大闭幕后,浙江省委书记带头、省级领导干部深入基层一线,面对面宣讲党的十九大精神。部分十九大代表、省直单位负责人和社科理论界专家学者组成的省委宣讲团以及各地活跃在线上线下的宣讲员,以丰富多彩的形式,将党的十九大"好声音"送到农村。各地充分发挥镇村干部群众的主体作用,组建本上化"草根名嘴"宣讲团队,精心挑选当地有名望、有文化的驻村十部、宣传干事、乡贤名人、大学生村官等加入宣讲队伍,保证基层农村宣讲常态化。三是突出心贴心交流。农村基层特别注重让思想传播带着露珠、沾着泥土,打通理论与农民群众的"最后一公里"。各地由镇村干部带头到农户中现身说法,宣讲新时代新思想,说说大家身边的新变化新感受,用乡土话聊,用身边事谈,贴近实际、贴近群众。镇村组建"文艺轻骑兵",创作一批主旋律作品,开展学习新思想主题文艺演出,还配以主题书画剪纸展等活动,将理论学习和文化活动结合起来。生动活泼、通俗易懂的形式和载体,使系统的思想理论为广大农民群众所喜闻乐见,更为其所接受和掌握。

二、宣讲形势政策

农村基层积极开展形势政策宣讲,通过解读重大决策部署、传递主流声音和社会正能量,党员干部、村民代表带头,带动村民共同参与,注重汇集民智、汇聚民心、体现民意,有效确保重点工作顺利推进。内容上紧扣形势任务,把握导向性。坚持以"理"为先,围绕政治理论、时事政策、思想道德、人文社科等重点内容,理直气壮地弘扬真善美,旗帜鲜明地抨击假恶丑,用先进的思想占领农村思想文化阵地,用科学的理论武装干部群众头脑。对象上突出重点听众,提高针对性。每次宣讲,村党员干部、村民代表坐在前排,带头记录,带头交流。既通过形势任务宣讲,增强基层农村干部的工作能力,引导党员干部、村民代表带头执行决策,带动村民共同落实;又体现党员干部、村民代表的骨干地位,有效发挥他们在村"两委"中的左膀右臂作用,更好地得到大家的认同和欢迎。方式上注重灵活多样,保证实效性。宣讲工作善于整合时间,与村民代表会议、支部党员会议等统筹安排、有机结合,减少不必要的人员压力和经费负担。宣讲的主要形式是专题辅导和微型党课,以"实际、实用、实效"为原则,内容上靠近大众、形式上贴近大众、感情上亲近大众。把党的方针政策转化为当地"方言"、百姓语言,用群众听得进、记得住的话,深入浅出、通俗易懂地开展宣讲。举办基层微型党课大赛、组织获奖选手巡回宣讲等,既提升宣讲质量,也锻炼宣讲队伍。新闻媒体加大宣传报道力度,加强典型示范引导和信息情况通报,助推农村形势政策宣讲不断深入。

三、学习时代楷模

浙江乡村文化建设充分体现以人为本的原则,将社会主义核心价值观教育贯彻到崇尚和弘扬时代精神、培育新型农民的实践之中。2008年,浙江启动年度"浙江骄傲"人物评选活动。2012年,这项活动有了一个新名字——"最美浙江人"。农村的"最美"系列评选将重点落在家庭建设上,充分发挥优秀农家的辐射带动作用,引导和推动人们为小家谋幸福、为他人送温暖、为社会作贡献。广泛开展"浙江好人""千名好支书"等活动,培育树立一大批成长于乡土、奉献于乡里,在乡民邻里间威望高、口碑好的先进人物。"最美农民""最美家庭""最美干部""最美教师""最美婆婆"

"最美媳妇"等具有乡村特色和感召力的"最美"系列评选活动全面开展。很多乡镇因地制宜地创设了常态化、群众喜闻乐见的评选项目,如"孝心子女""好媳妇""模范夫妻""和谐家庭""文明少年""热心长辈""科技致富能人""妇女创业能手"等。评选活动采取各村推荐、家庭自荐和群众推荐相结合的方式,突出群众对身边"最美"人物的寻访形式,真正把身边看得见、摸得着、学得到、过得硬的"最美"典型推选出来,让"最美"的人可敬、可信、可亲、可学,并形成关心身边人、赞美身边人的良好风气。广泛吸引更多的村民群众参与到活动中,人人都可以成为"最美"的传播者。以群众喜闻乐见、贴近生活的形式生动宣传身边"最美"的感人事迹,在文化礼堂、宣传墙展出;依托媒体开设专题、专栏、专版,开展经常性、公益性宣传,加深农民群众对"最美"的印象,强化"最美"的传播力和社会影响力。建立对"最美"的褒扬激励机制,进行节日慰问和助困、助医,实实在在形成弘扬"最美"、争做"最美"的风尚。把"最美"系列体现的社会主义核心价值观与当地历史文化资源相结合,创立起各具特色的区域品牌。如中国慈孝文化之乡仙居县通过开展"慈孝之星""慈孝家庭""十大孝村""校园十佳小孝星"等慈孝评比活动,探索建立起慈孝模范激励机制,建成全国首个公民道德教育馆,建设遍布全县各乡村的和美乡风馆。德清县现代题材越剧《德清嫂》原型人物之一——钱素春,开设"德清嫂"帮忙热线,帮助需要调解的人。"德清嫂"队伍已壮大到万余人,形成寻找、宣传、学做"美丽德清嫂"的系列热潮。

四、崇尚红色文化

积极开展爱国主义教育,广泛开展诵读红色经典、组织红色旅游等活动。在重要节庆日、纪念日,举办适合农民群众参与的升挂国旗、奏唱国歌等仪式。将浙江在革命战争时期的根据地、红色政权驻地,新中国成立后的国防教育基地等红色文化遗产,融入"一村一品"等乡村建设,既有效保护了革命遗址,又充分体现了红色文化的重要历史意义和现实意义。丽水市的浙西南革命根据地纪念馆、永嘉县的中国工农红军第十三军军部旧址群、平阳县的浙南(平阳)抗日根据地旧址、三门县的亭旁起义旧址、杭州市富阳区的侵浙日军投降仪式旧址、以余姚市梁弄镇为中心的浙东(四明山)抗日根据地旧址、长兴县的新四军苏浙军区旧址、台州市的解放一江山岛战役纪念地、温州市的洞头先锋女子民兵连纪念馆等,都是浙江省域内的重点红色文化资源。当地政府积极做好保护修缮和提升改造工作,建设爱国主义教育基地。基地实行免费开放,接待中小学校、企事业单位和党团工会等组织,开展爱国主义、民族精神等教育活动,让青少年了解红色历史文化。对红色史料和革命精神进行研究、挖掘、提炼和宣传,讲好红色故事,培育浓郁的红色文化氛围,继承和发扬革命传统。

第二节　弘扬时代文明新风

一、开展乡风评议

2007年,浙江农村基层开展乡风评议活动,用民间舆论、群众评价的力量抵制陈规陋习、褒扬社会新风。建立乡风文明工作点,由大学生村官或分管宣传的村干部主抓,设宣传员、信息员和评议员若干名,组建乡风文明文艺表演队、乡风文明腰鼓队和乡风文明科普队三支队伍,积极为群众服务。每季度采取自荐、集体推荐和群众推荐相结合的方式,评选助人为乐、见义勇为、诚实守信、敬业奉献、孝老爱亲五类文明之星,对评选出来的"文明五星"进行精神和物质奖励。设立乡风讲堂,通过听讲座、读报读刊、收看教育片等形式,组织村民们学习先进实用技术,教育群众破除赌博、封建迷信等陋习,使基本道德规范进村居、进家庭,做到家喻户晓、人人皆知。定期召开乡风评议会,围绕群众普遍关心的公益事业、安置补偿、赡养老人等热点难点问题和邻里、土地、家庭矛盾纠纷等,采取集中评议、上门评议、公开评议、现场评议、跟踪评议等方式,引导群众正确作出选择,规范自身行为,有效解决矛盾和热点难点问题。

二、倡导移风易俗

整治红白喜事大操大办之风,是广大群众的共同心声,也是农村移风易俗的重要突破口。但婚丧嫁娶是乡村民间的重大事宜,与邻里族裔的人情礼俗密切相关,往往很受重视。浙江各地在开展这项工作时,特别注重方式方法,发挥乡风文明促进会、红白理事会、道德评议会等群众组织的作用,集中整治农村散埋乱葬、天价彩礼、奢侈酒席等不良风气。公职人员、"两代表一委员"(党代表、人大代表、政协委员)、农村党员干部发挥示范作用,倡导移风易俗,带头实行节地生态安葬和文明低碳祭扫,从严控制红白事规模,以身作则抵制讲排场、比阔气等不良风气。通过修订完善村规民约、居民公约,画出"警戒线",亮出"警示牌",合理约定红白事的消费标准、办事规模,用老百姓自己的规矩管好自己的事。吸收德高望重的乡贤、老党员、老干部、老教师等组建红白理事会,及时掌握婚丧嫁娶信息动态,做到"婚事提前介入、白事第一时间上门",破除婚丧陋习,推动移风易俗,令乡风面貌焕然一新。各地制定出台移风易俗工作实施方案,明确、细化成员单位的职责分工,形成工作机制;人大、政协不仅教育引导人大代表、政协委员带头落实移风易俗各项要求,还组织开展专题视察活动;有关部门举办农村家宴菜单评选活动,向农家推荐菜单,组织农村厨师签订"菜单不超标、食材不浪费,严格遵守红白理事会制度"的承诺书。镇村干部走村入户,宣传移风易俗,倡导婚事新办,耐心细致做好说服引导工作,真心实意为农民群众服务。

三、规范村规民约

浙江通过在全省所有行政村全面推行制定修订村规民约,培育文明乡风,规范村民行为,保障村民合法利益,有效提升了农民精神风貌和乡村社会文明程度。坚持党建引领,充分发挥村党组织的战斗堡垒作用,把加强党建工作贯穿于制定修订村规民约的全过程,确保乡村社会治理的正确方向。坚持自治、法治、德治相统一,创新基层自治,大力推行基层民主恳谈、民情沟通、民主协商等做法,全面实行村务公开,推动各地把村干部任职资格写入村规民约,为依法依规换届选举打下坚实基础;用法治思维谋划规约内容,在法律法规框架下制定条文,用法治方式"定分止争";发挥德治的基础作用,强化道德约束,规范社会行为。坚持问题导向,把修订和推行村规民约与解决基层实际问题有机结合起来,使村规民约在解决村务管理纠纷、婚姻家庭纠纷、邻里纠纷以及保护环境和管理集体资产资金资源等方面,发挥积极作用。突出群众主体地位,广泛征求和收集村民意见建议,汇聚大家的智慧,使村规民约成为村民共同约定和共信共行的自我约束规范。坚持奖惩结合,让执行得好的村民上"红榜",对违反村规民约的酌情作出批评教育、公示通报、责成赔礼道歉、写悔改书、恢复原状或赔偿损失等相应处理,营造"遵守村规民约光荣、违反村规民约可耻"的氛围。龙游县贺田村的村规民约对垃圾源头分类、定时定点投放以及集体山林保护等作出明确规定,如有人违反,就会罚其送给村里每家每户一斤猪肉、十斤馒头。这种规定取得了很好的实际效果。

四、拓展志愿服务

2006 年,浙江农村开展了"青春装点新农村"志愿服务活动,全省 917 个乡镇(街道)建立了环保志愿者小分队,登记在册的农村志愿者 53 万余人,主要配合新农村建设,开展以农村生态环境保护为主要内容的志愿服务。经过多年发展,浙江农村志愿服务建立起较为严密的层级管理制度,在乡镇(街道)建立志愿服务总站,在村级便民服务中心建立志愿服务站,依托农村党员先锋站、民情茶室、文化示范户等建立服务队。志愿服务的主要内容包括银发关怀、生态护绿、平安护卫、文化有约等,基本涵盖基层农村环境提升、社会治理、以文化人的方方面面,成为帮困援弱、扶贫助教、环保绿化等工作的重要力量。在浙江农村,红帽子、红马甲的"村嫂志愿服务队",以老干部、老战士、老教师、老专家、老模范为主体的志愿者及"爱心联盟"等一大批志愿服务队伍不断涌现,形成文明传文明、共育新风尚的良好社会氛围。近年来,浙江农村基层的志愿服务又有创新,试点提供群众"点菜"、志愿者"上菜"的"菜单式"服务,实现供需有效对接,及时、高效、分众精准服务。以邻里纠纷调解队、民间文艺演出队、乡风文明理事会、邻里互助促进会、乡贤议事参事会等"两队三会"为基础,形成乡村志愿服务主体力量,确保常态化、有针对性地开展志愿服务活动。许多村还通过乡贤爱心捐、党员干部带头捐、村民互助捐、企事业单位结对联系捐等多种途径,筹建关爱基金,主要用于帮扶、公益、奖励等方面。耐心细致的志愿服务,在关爱群众的过程中凝聚人心,成为推动乡风文明建设不可或缺的润滑油和黏合剂。

第三节　提升公共文化服务

一、农村"种文化"活动

农村物质生活得到基本改善之后,满足农村群众的精神文化需求成为宣传文化工作的重要课题。浙江农村文化建设既加强"送文化",更重视"种文化",以激发农民的内在积极性和创造力,增强农民的文化生命力。2007年元宵节,临安市青山湖街道朱村等八个村向全省农民发出了《我们都来"种文化"》的倡议书。倡议书中说:"沐浴着改革开放的春风,我们农民的日子一年比一年好,衣食住行,孩子读书,卫生保健,都在向城里人看齐。逢年过节,文化部门也常常把电影、戏文、图书送下来,闹猛一阵。但是说句心里话,平时空下来还是觉得有点冷清,总感到不满足。现在,建设新农村的春风在吹,不少村里有了文化室、篮球场、阅览室、棋牌室,搞文体活动的场地有了。我们也有不少'能人',吹拉弹唱、打球练操也能来几手;翻翻'箱底',村里真有不少土生土长的好东西,农民是喜爱的。'种文化'的'土壤''种子'都具备,不如在平时空闲,大家都动起来,'种'一个文化乐园。"2007年3月,以"弘扬新文化、培育新农民、建设和谐新农村"为主题的农民"种文化"活动在浙江农村全面推开。农民"种文化",是一个具有创新意义的、适应农村文化建设特点的举措,突出农民主体地位,充分调动大家的积极性,通过举办乡村文化节、运动会、文艺晚会等各类活动,搭建各类展示乡村文化和农民才干的平台。全省各地组织开展"我们的村晚""我们的村歌""我们的讲堂""我们的舞台"等系列活动,激发乡村文化内在活力,使广大农民成为文化活动的主角,增强他们的亲近感和参与度。近年来,浙江省每年在春节发动全省农村举办"我们的村晚"活动,通过层层选拔,将各地的优秀节目集中在省主会场"我们的村晚"展演,受到了广大农民群众的热烈欢迎。

二、文化提升十大工程

与"种文化"相呼应,"十一五"期间浙江省推出农村文化建设十大工程,加大公共财政的扶持,以重点带全局,以工程促发展,全面开创全省农村文化建设新局面。十大工程既涵盖了农村文化建设的主要内容和重点工作,也体现了政府执政为民的要求。一是农村文化基础设施建设工程。按照国家"县有两馆"(文化馆、图书馆)、"乡有一站"(文化站)、"村有一室"(文化室)的要求,县市因地制宜建设县级综合性的文化艺术中心,加强文化馆和图书馆的资源综合利用;乡镇(街道)建设集图书阅读、文艺演出、科技推广、科普培训、体育和青少年校外活动等功能于一体的综合文化站;农村鼓励将闲置校舍、旧礼堂、旧宗祠等改建成村级文化活动场所。二是广播电视"村村通"工程。重点推进尚未通有线电视的乡镇(不含海岛乡镇)及行政村实现有线电视联网,使有条件的 20 户以上自然村全部通广播电视。三是文化信息资源共享工程。以数字资源建设为核心,以省、市、县三级图书馆为骨干,依托农村党员干部现代远程教育系统、城市有线数字网络等,建成基本覆盖城乡的数字文化服务体系。四是文化遗产保护工程。建立省、市、县三级名录,对被列入名录的文化遗产予以保护和扶持,加强对农村优秀民族民间文化资源的系统发掘、整理和保护,培育扶持民间艺术之乡、特色艺术之乡、特色文化村镇、民族民间文化保护区,命名表彰民间艺人。五是农民体育健身工程。以创建体育强县、强镇为契机,以基层文体俱乐部建设为平台,大力推进农村基层文体组织和阵地建设,鼓励乡村之间以协会、村俱乐部等为参赛团队开展主客场异地、俱乐部联赛活动,使更多群众共享全民健身的快乐。六是农村电影放映工程。重在建立覆盖全省的农村数字电影发行放映网络,到"十一五"末期基本实现农村每月每村至少放映一场电影的目标,年放映场次超过 27 万场。七是送戏送书工程。在省统筹指导下,市、县两级组织专业或者业余文艺团队,每年下乡村举行公益性文艺演出 1 万场以上,重点解决偏远地区或经济欠发达地区农民群众看戏难的问题;县级图书馆在乡镇文化站设立图书配送分中心,向村流通点配送图书,实现城乡图书信息资源的流通共享,以有效解决农民看书难的问题。八是农村文化活动繁荣工程。通过民办公助、政策扶持,鼓励农民发展自办文化,办好农村传统节庆文化活动、民间艺术活动、社团文化活动、文体竞赛竞技活动等,使农民群众成为农村文化建设的主体。九是农村文化队伍素质提升工程。要求全面培训县级文化馆馆长、图书馆馆长和乡镇文化员,各县每年培训业余文艺队伍骨干 100 名以上,组织 1/3 村的文化管理员进行培训,形成覆盖全省的群众文化骨干网络。十是农村文化示范户创建工程。农村文化示范户是以农村家庭为基础,集思想教育、干群沟通、农技交流、信息传播和文化娱乐于一体的公益性文化传播场所。"十一五"期间,每年创建省级文化示范户 2000 户以上,对其配置硬件设施和开展经常性活动的经费给予补助,倡导机关企事业单位联户结对,为文化示范户提供支持。

三、深化乡村文化建设

2008 年,浙江在全省农村开展"千镇万村种文化"活动,要求通过 5 年的努力,形成一批组织有力、活动经常、设施齐全、特色鲜明的"种文化"活动先进乡（镇）、村，传承一批积淀深厚、内涵丰富、形式独特、群众喜爱的优秀传统乡土文化，培养一批源于民间、扎根农村、各具特色、各有专长的农村文体队伍和文化能人，使农村文体活动成为农民群众健康生活的重要内容，在繁荣发展农村文化中加快建设乡风文明的社会主义新农村。广泛开展各类适合农民群众参与、为农民群众所喜闻乐见的农村基层文体活动，丰富农民群众的文化生活；弘扬与传承优秀民俗文化，积极组织开展特色鲜明的传统文化活动；适应农民群众对文化生活的新需求，推进大众义化产品的创作生产和传播服务；重视培养乡（镇）、村文体工作者，民间业余文体队伍，民间文体爱好者等农村文体队伍，发挥他们的骨干作用；培育科学健康的生活方式和文明和谐的社会风尚，让农民群众在参与文化活动的过程中潜移默化地接受教育、提升素质。全省一批积淀深厚、内涵丰富、形式独特的特色文化项目得到了有效传承，涌现出许多立足乡土、地方特色鲜明的优秀文化项目和文艺节目，受到广大农村群众的欢迎。建立了一大批以乡村戏台、文化小广场、共享工程基层服务点、村图书阅览室为基本依托的村文化活动中心，开展"农村大舞台"等经常性、形式多样的民俗文体活动，充满乡土气息的农村"种文化"展演展播活动红红火火。农村公共健身场所、休闲公园、俱乐部等设施日益增多。2008 年和 2009 年，浙江连续两年举办"千镇万村种文化"展演展示活动，千名农民演员走上舞台。2011 年起，浙江启动"文化走亲"活动，在县与县、乡与乡、村与村、城与乡之间开展文化交流活动。各地通过文艺会演、才艺展示、排舞大赛、"文化大篷车"等形式，为农民群众登台亮相创造条件。美丽乡村展现出独特的文化魅力。

四、打造农村文化礼堂

2013年,浙江省委、省政府顺应广大农民群众的新期待,在全国率先打造集思想道德建设、文体娱乐活动、知识技能普及于一体的农村文化综合体——文化礼堂,使其成为提升农村精神文明建设水平的核心载体、传承文脉记忆的主要基地和农民群众凝心聚力的精神家园。明确"文化礼堂、精神家园"的定位,建立有场所、有展示、有活动、有队伍、有机制的"五有"基本架构,推动教育教化、乡风乡愁、礼节礼仪、家德家风、文化文明进礼堂。制定出台农村文化礼堂建设标准等指导性文件,因地制宜采取新建、改建、扩建等多种方式扎实推进,确保建一个、成一个。依托农村文化礼堂,广泛开展习近平新时代中国特色社会主义思想和中央文件精神学习宣传,抓好面向农民群众的形势政策宣讲阐释,开展阅读红色经典等活动,开展道德模范、最美家庭、好人好事、好婆婆好媳妇等"最美"系列评选、展示活动。利用文化礼堂开展农业科技、卫生健康、养老养生、电商辅导、创业技能等方面的培训讲座,向农民群众传授生产技能、传递人文关怀、传导创业激情,既让农民群众掌握了致富增收的本领,又帮助农民群众提升了综合能力。在文化礼堂开展庆国庆升国旗、春节祈福迎新、村干部就职、儿童开蒙、成人仪式、重阳敬老等礼仪礼节活动,为构建和美环境、和善行为、和睦邻里、和静心境发挥了积极作用。全面整合文化活动室、农家书屋、体育活动设施、文化信息资源共享工程基层网点、科普活动站、青年之家、妇女之家、儿童之家等基层公共服务设施资源,聚集和拓展文化礼堂功能,为基层群众提供精准高效的公共文化服务。发挥文化礼堂"精神家园"的引领作用,以"我们的"为主题,过好"我们的节日",办好"我们的村晚",唱响"我们的村歌",传承"我们的家训",弘扬"我们的传统"。建立村"两委"领导下的村民自我组织、自我管理、自我服务、自我发展的文化礼堂管理运行机制,吸纳村干部、新乡贤、文化骨干等参与文化礼堂运行管理。通过政府购买公益服务岗位、壮大志愿者队伍等方式,建立省、市、县、乡四级工作队伍,到 2018 年底,全省农村文化礼堂有工作指导员 2000 余人、文化礼堂管理员 8000 多人、志愿服务者 1 万多人。到 2018 年底,全省农村文化礼堂数量已超过 1.1 万家。2019 年初,文化礼堂建设被写入中央一号文件。根据计划,到 2022 年,浙江省 500 人以上的建制村要实现文化礼堂全覆盖。

第四节　传承优秀传统文化

一、保护历史文化村落

作为全国第一个在省域范围内开展历史文化村落保护利用工作的省份,浙江省到 2018 年已拥有 27 个中国历史文化名镇、44 个中国历史文化名村,被列入全国传统村落名录的古村有 401 个,数量居全国前列,经省确认的历史文化村落有上千个。早在 2003 年浙江启动"千村示范、万村整治"工程时,历史文化村落保护利用就被纳入其中。2012 年,浙江省下发《关于加强历史文化村落保护利用的若干意见》,在全省开展历史文化村落保护利用工作,并将历史文化村落细分为古建筑村落、自然生态村落和民俗风情村落等,旨在根据不同村庄的特点、类型采取不同的保护利用方式。自2013 年起,每年启动 40 余个历史文化村落重点村和 200 多个历史文化村落一般村保护利用项目。2016 年,总规模达 20 亿元的浙江省古村落(传统村落)保护利用基金成立,这是全国第一个专项用于传统村落活态保护与历史文化传承利用的基金。至 2018 年,全省共启动 6 批,合计 259 个重点村、1282 个一般村保护利用项目,各级投入资金 50 多亿元。2018 年 5 月出台的《浙江省传承发展浙江优秀传统文化行动计划》,明确全省每年开展 250 个重点村、一般村项目建设,评选 20 个历史文化(传统)村落保护利用示范村,选择 100 个传统村落开展风貌保护提升和文物保护修缮工作。到 2020 年,全省要累计保护 1000 个省级以上传统村落,完成 1 万幢传统民居的抢救性保护。

历史文化村落保护利用涉及面广、工作量大、政策性强,各级政府切实加强引导,既不功利性地看问题、打算盘,把老祖宗的东西拿出来"变现";又充分尊重农民群众的知情权、参与权和监督权,做到历史文化村落保护利用依靠农民、保护利用成果由全体农民共享,实现保护建筑、保持肌理、保存风貌、保全文化、保有生活的有机统一。成立古村落管理委员会,重点保护和合理利用村域内的古牌楼、桥梁、古道、庙宇、古墓等古代遗存和文化遗产,近几年集体购买的民宅、祠堂、纪念堂、宗族大(祖)屋等古建筑以及拓展历史建筑保护利用范围后获得的近现代建筑物及文化遗存,对闲置古建筑实行"统一流转、统一租赁、统一出租",政府、村集体、居民、社会资本共同参与。一些地方还开展了历史文化村落环境综合整治,将修缮古民居、拆除古村内的不协调建筑等纳入改造建设项目,优化历史文化村落街道景观、修复村内古道,因地制宜实施生活污水治理和垃圾处理,改善历史文化村落环境面貌。

二、活态传承非物质文化遗产

浙江乡村留存着大量物质文化遗产,也保留着丰富的非物质文化遗产。这些融于日常生产生活的民俗、工艺、戏曲、传说,只有回归乡村才能生成"见人、见物、见生活"的活态保护条件,为农村基层社会的发展和治理提供重要的文化凝聚力。21世纪以来的浙江新农村建设,为非物质文化遗产的活态保护和传承夯实了基础。

浙江农村全面开展以"美丽'非遗'进礼堂,精神家园更芬芳"为主题的"非遗"进文化礼堂的工作。加强"非遗"传承基地、教学基地、生产性保护基地建设,设立"非遗"代表性传承人工作室,开展技能培训,挖掘和培育"非遗"传承队伍,建立"非遗"人才库。开展美丽"非遗"进农村文化礼堂百村行,把农民自演的传统戏剧、曲艺、音乐、舞蹈、体育等"非遗"展示展演作为文化礼堂的常演剧目。利用文化礼堂举办村史村情展、乡土风情展、手工艺展、保护传承成果展等,采用长期性展览与流动展览相结合、静态展览与动态展览相结合、图片展示和实物展示相结合多种方式,传承"非遗"文化。借助传统节日开发"美丽'非遗'赶大集""美丽'非遗'上舞台"等系列活动,推广"非遗"项目,展示浙江乡土文化。

传统戏剧是我国非物质文化遗产的重要门类,"一部中国戏剧史,半部在浙江"。浙江省已公布的5批省级非物质文化遗产代表作名录中,传统戏剧项目有58项,涉及保护地区76个,确保省内的地方戏剧项目"一个也不能少"、保护地全覆盖。

三、传导优良家训文化

传统的家训家风及其蕴含的优秀传统美德,在当今时代依然有着独特价值和现实意义。家风正则民风淳,民风淳则社会安。千百年来,浙江大地一直有以好家训育好家风的传统。在乡村文化建设中,各地重视合理吸收中华传统家训的精华,并推动其创造性转化、创新性发展,为形成新时代乡村良好家教和家风提供丰厚滋养。以乡村党员干部、模范人物、教育文化工作者家庭为示范,青少年学生家庭为重点,通过在家谱村史、牌匾楹联、经典家训中寻找和长辈口述、家人共议等形式,挖掘、整理、编写弘扬传统美德的格言、家规、家训。推动家训"挂厅堂、进礼堂",组织文化志愿者进村入户写家训,拍全家福,制作匾额、条幅等。将好家训在文化礼堂、文体中心、宣传橱窗等集中展陈,纳入家谱村史编写、村规民约修订之中。组织开展"传家宝""写家书"等活动,倡导家家户户以卡片、锦囊等形式制作写有家训、便于携带保存的"传家宝",在子女成人成婚、就学就业、参军远行等人生重要时刻郑重馈授,促进好家训、好家风代代相传。

四、颂扬新乡贤文化

新乡贤主要指事业生活在外地、心系家乡建设的人。浙江乡贤自发在家乡出资修路架桥、奖学助教、扶贫帮困,助力培育文明乡风。2011年,以"创业创新闯天下,合心合力强浙江"为主题的首届世界浙商大会召开。每两年一届的世界浙商大会,成为浙江规模最大、规格最高、影响最广的浙商盛会,集聚起天下浙商反哺家乡的巨大能量。2017年,培育新乡贤文化被写进中央一号文件。浙商与新乡贤的身份结合越来越紧密,浙商的资源优势越来越落实到助推家乡发展、提升基层社会治理水平中。各地以乡情乡愁为纽带,积极开展形式多样的乡贤省亲、座谈讨论、拜访联谊等活动,最大限度地赢得在外乡贤对家乡的重视,实现项目回归、信息回馈、人才回乡、技术回援、文化反哺,支持家乡发展,建设美丽乡村。构建县、乡镇、村三级联动推进的乡贤工作格局,完善乡贤履职激励机制、荣誉授予机制、公益捐建冠名制等,鼓励有志向、有能力、有情怀的乡贤返乡参与乡村建设。引导乡贤回乡参与农村产业发展、文化礼堂建设、乡村社会治理,鼓励乡贤回乡投资办实事。

倡导和支持乡贤带着子女回乡,通过代际相传、缅怀先贤,抒发"崇德向善、泽被桑梓"的情怀,塑造浙江农村精神文化标记。在农村文化礼堂中设置"文化长廊"、"乡贤榜"和道德讲堂等,展示乡贤先进事迹,讲好乡贤特色故事,彰显乡贤道德精神。广泛开展"举乡贤、颂乡贤、学乡贤"活动,引导人们继承传统美德,树立家国情怀,激发爱国爱乡情感。

五、拓展农业文化遗产功能

联合国粮食及农业组织将"全球重要农业文化遗产(GIAHS)"定义为农村与其所处环境长期协同进化和动态适应所形成的独特的土地利用系统和农业景观,这种系统与景观具有丰富的生物多样性,而且可以满足当地社会经济与文化发展的需要,有利于促进区域可持续发展。农业文化遗产所在地的生物多样性、自然景观及农耕文化等得到严格保护,传统农业生产方式再现活力。我国获得联合国粮农组织认定授牌的全球重要农业文化遗产已达15项,位居世界各国之首,其中浙江省有3项。2005年,浙江青田稻鱼共生系统被列入首批全球重要农业文化遗产保护试点,成为我国第一个世界农业文化遗产。青田稻鱼共生系统是一种生态、高效的种养模式:鱼为水稻除草、除虫、耘田松土,水稻为鱼提供小气候、饲料,减少肥料、农药、饲料的投入,鱼和水稻形成和谐共生系统。悠久的田鱼养殖史还孕育了灿烂的田鱼文化,青田田鱼与青田民间艺术结合,派生出了一种独特的民间舞蹈——青田鱼灯舞。2018年4月,浙江湖州桑基鱼塘系统项目也被正式列为全球重要农业文化遗产。湖州市南浔区西部现存有6万亩桑地和15万亩鱼塘,是我国传统桑基鱼塘系统最集中、最大,保留最完整的区域。"塘基上种桑、桑叶喂蚕、蚕沙养鱼、鱼粪肥塘、塘泥壅桑"的桑基鱼塘生态模式,保留了种桑和养鱼相辅相成、桑地和池塘相连相倚的江南水乡典型的桑基鱼塘生态农业样式,形成了丰富多彩的蚕桑文化。浙江省域内比较成形的农耕文化遗产还有绍兴会稽山古香榧群(2013年入选全球重要农业文化遗产)、云和梯田农业系统、杭州西湖龙井茶文化等,这些农耕文化系统既有当地千百年来的自然生态、和谐共生、水土保持、循环灌溉等丰富内涵,也包含农业工艺技术、特色农产品原产地品牌和生产生活中提炼形成的乡村民俗文化特色,彰显美丽乡村人与自然长期和谐共生。

第五节　优化文化资源配置

一、推进农村公共文化服务均等化

浙江农村公共文化服务在向标准化、均等化目标迈进的过程中,多数建设标准高于全国水平。2015年,浙江聚焦基础最差的地区,确立了10个公共文化服务薄弱市县为重点县,以两年为一个提升周期,重点攻关、重点突破;2017年,又确立了10个重点县、107个重点乡镇、1230个重点村进行第二轮公共文化服务提升。通过省、市、县、乡、村五级共同努力,层层对标,补齐短板,提高全省农村公共文化服务均等化水平。第一轮重点支持泰顺、磐安、龙游、开化、天台、庆元、遂昌等县以及金华、衢州、丽水三市的部分薄弱区。经过2015—2017年的重点扶持,这些县、区的公共文化投入增长明显,重大公共文化设施相继完工,未达到省定公共文化服务标准的项目大幅减少,有效补齐了农村公共文化服务建设中的主要短板。第二轮公共文化服务重点建设工作扩大了扶持范围,省财政加大扶持力度。对列入重点扶持的乡镇、村对照省标要求,明确提升内容、主要项目、实施举措、资金来源、责任人及完成时间，集中资源、集中力量，实现重点突破。2019年，浙江省公共文化服务"十百千"工程已全面完成覆盖县、乡镇、村的提升计划，农村公共文化服务保持较高水平的均衡发展。

二、建设乡镇综合文化站

根据中央加强农村文化建设和加强公共文化服务体系建设的部署，浙江省及时制定、下发实施意见，要求加强科学规划和资源统筹，采取盘活存量、调整置换、集中利用等方式，依托综合文化站建设基层综合性文化服务中心。健全多功能活动厅、图书阅览室、教育培训室、体育健身室、书画展览室、地域文化展示室、宣传栏等设施，实现资源共享。重点围绕文艺演出、读书看报、广播电视、电影放映、文体活动、展览展示、教育培训等方面，明确种类、数量、规模和质量要求，设置具体服务项目，为广大农民群众提供基本公共文化服务。狠抓两头，一方面组织开展"浙江省文化强镇"创建工作，另一方面每年确定100个薄弱乡镇（街道），重点予以扶持提升。省级督查并通报乡镇综合文化站建设运行中存在的突出问题，切实提高乡镇综合文化站的服务效能。把乡镇综合文化站每周开放时间达标率列入省对设区市补齐公共服务有效供给短板工作考核指标，将文化站设施使用、免费开放情况纳入全省基本公共文化服务专项资金绩效考核。修订乡镇综合文化站评估定级标准，提高体现公共文化服务效能部分的分值，市、县对辖区内的乡镇综合文化站进行全面检查督导。2014年，文化部将浙江省基层综合性文化服务中心建设列为国家级试点。2017年，浙江省第六次乡镇综合文化站评估定级结果发布，全省共有1316个乡镇综合文化站参加了评估定级，有1206个乡镇综合文化站达到三级及以上标准,占总数的 91.6％;其中特级综合文化站 171 个、一级综合文化站 379 个、二级综合文化站 282 个、三级综合文化站 374 个。

三、城乡一体构建文化服务体系

文化馆总分馆与图书馆总分馆服务体系有机结合,构成公共文化服务以人为纽带的分级管理模式,是 2016 年嘉兴市获评国家公共文化服务体系示范区的主要原因。其主要特点是统一网点布局、统一服务标准、统一数字服务、统一效能评估、统一下派上挂,破解了县文化局下属的文化(图书)馆与隶属镇政府的镇文化(图书)站之间运行脱节的难题,实现了农村、城市社区公共文化服务资源整合和互联互通,推进了城乡公共服务的标准化、均等化。这一做法在全省各地推广,促进了市、县、镇(街道)、村(社区)四级文化机构服务的完善。总分馆服务体系以文化员的作用发挥为核心,重新定位各级文化机构负责人的组织角色,原则上每镇至少落实一名文化下派员,每村至少配备一名文化管理员。这支"两员"队伍实行上挂下派、双重管理:文化下派员由县文化馆统一招录、聘用,下派到镇综合文化站工作;村级文化管理员由镇统一招录、聘用,下派到村文化活动中心(文化礼堂)工作。"两员"接受两级管理考核和统一培训。文化馆(站)服务下沉、管理上移,有效解决了基层文化工作人员"不专职、不专业"的问题。

四、打造"一村一品"文化特色

浙江省开展"一村一品"建设之初,出发点是通过生产优质农产品带动乡村经济发展。从 2011 年起,浙江省建设"一村一品"已由农产品品牌开发向农村历史文化特色品牌开发拓展,"一村一品""一村一业"与"一村一景""一村一韵"有机结合,相得益彰。各地农产品品牌与民俗文化、农事节庆、美丽乡村建设、农业休闲旅游一起发力,立足生态优势、乡村特色,结合农产品生产季节,推出赏花、采摘、捕捞等各种农事节庆活动,一乡一节,一品一节,一月一节,提升农产品的知名度和美誉度,拓宽了特色农产品的销售渠道,也扩大了地域文化的影响力。在很多地方,农事节庆活动成为民生工程,有力地促进了乡村形成经济、文化、生态多方协同发展的新格局。2012 年起,浙江提出"一村一品、一堂一色"的文化礼堂布局要求,鼓励各村做活文化,"一个礼堂对应一个主题"或"一个主题对应一个礼堂",通过挖掘、传承各个村落的自然禀赋和历史资源,注重个性化、差异化,凸显风格迥异的礼堂特色,从而形成一村一品、一堂一色、各美其美的人文景观。这些文化礼堂像是一个个小型的村级博物馆,皆有自己精致而独特的文化韵味。

五、加强基层文化队伍建设

浙江省重视把加强队伍建设作为乡村文化振兴的关键环节,配好乡镇综合文化站专职人员,进一步充实村级文化工作力量,落实专兼职文化管理员。不少县(市、区)聘用大中专毕业生担任村级文化工作指导员、协理员,加强一线工作力量。设置服务期限、设定服务岗位、强化岗位责任、明确待遇报酬,使受聘人员安心在基层工作,乐意为农民服务。加大各级宣传文化单位之间的人才交流,既实现人才共建共享,又促进乡村文化人才提高解决各种实际问题的能力。注重上挂锻炼和开展学习、培训,使乡村文化人才不断开阔视野、增强本领。上级部门单位的文化业务骨干,经常性地下基层开展业务指导,帮助乡村文化工作者提高能力素质。重视对社会文化人才的培养与使用,挖掘、培养优秀民间文化艺术人才,打破体制内外的身份界限,一视同仁地将他们纳入教育培训规划,列为人才工作服务对象。制定配套政策,支持民间文化人才、文化能人发挥特长、施展才华,做到事业上扶持、艺术上指导、生活上关心、精神上鼓励,使他们更好地扎根乡村、传承文化、服务群众。加强对民间文化传承人特别是非物质文化遗产项目代表性传承人的保护、培养,一方面依靠民间文化传承人口传、心授、身教,延续民族民间文化的血脉;另一方面在学校开设地方特色文化选修课,吸引更多的人做民间特色文化的继承人,推动民间文化特别是"非遗"的保护传承。培育各类民间文化社团,满足农民群众多样化的文化生活需要。鼓励专业文化工作者和社会各界人士,包括学校教师、高校学生、离退休文艺工作者、热心公益的社会人士、个体文化经营者以及文化活动积极分子参与乡村文化建设,不断壮大文化志愿者队伍。

◆◆ 思考题

1. 推进乡村文化建设,各级党委、政府应当发挥什么作用?

2. 如何遵循乡村自身发展规律,增强农民的自我认同感,以激发乡村的内生动力和活力来实现乡村文化振兴?

3. 弘扬时代文明新风对于基层治理有何重要作用?

4. 历史文化村落应该如何区别对待、科学保护、有效利用?

第六章　乡村社会治理

◆◆ **内容提要**

　　浙江积极探索共建共治共享和谐乡村的方法和路径,不断提升乡村治理的能力和水平。坚持和创新发展"枫桥经验",充分发挥人民群众作为社会治理主体力量的作用,推动"最多跑一次"改革向社会治理领域延伸,有效防范和化解乡村社会矛盾,多措并举强化基层治理基础,探索构建自治、法治、德治"三治融合"的乡村治理体系,推动形成基层协商民主的良好生态,保持乡村社会充满活力、和谐有序。

　　2004 年 5 月,时任浙江省委书记习近平亲自倡导部署平安浙江建设,在综合而系统创新社会治理上作出积极探索。2006 年 4 月,浙江省委作出了关于建设"法治浙江"的决定,率先开始了法治建设在省域层面的全面实践。乡村治理的能力和水平,既是国家治理体系的重要基础,也直接关系到乡村振兴战略实施的成效。在浙江工作期间,习近平同志系统地提出了"以发展强村""靠建设美村""抓反哺富村""促改革活村""讲文明兴村""建法治安村""强班子带村"等一系列乡村治理理念。2020 年 3 月 30 日,习近平总书记来到安吉县,了解群众矛盾纠纷一站式接收、一揽子调处、全链条解决模式运行情况。他强调,基层是社会和谐稳定的基础,要完善社会矛盾纠纷多元预防调处化解综合机制,把党员、干部下访和群众上访结合起来,把群众矛盾纠纷调处化解工作规范起来,让老百姓遇到问题能有地方"找个说法",切实把矛盾解决在萌芽状态、化解在基层。十多年来,浙江坚持以习近平新时代中国特色社会主义思想为引领,不断探索、创新实践,持续推进社会治理,有效提升乡村治理能力和水平,率先走出了一条自治、法治、德治"三治融合"的乡村善治之路。

第一节　共建共治共享和谐乡村

一、"枫桥经验"——乡村治理典范

20 世纪 60 年代,诸暨市枫桥镇干部群众创造了"发动和依靠群众,坚持矛盾不上交,就地解决,实现捕人少、治安好"的"枫桥经验",毛泽东同志亲笔批示:"要各地仿效,经过试点,推广去做。"2003 年 11 月,在纪念毛泽东同志批示"枫桥经验"40 周年暨创新"枫桥经验"大会上,习近平同志指出,"'枫桥经验'是浙江加强政法综治工作的有效载体,也是浙江正确处理改革发展稳定关系的重要经验"。他认为,"枫桥经验"凝聚了浙江广大干部群众在社会治安综合治理工作实践中的智慧和创新,是浙江加强基层基础工作、推进社会治安综合治理的有效经验;"枫桥经验"最显著的特点"就是抓基层、打基础,依靠广大干部群众,就地解决矛盾纠纷"。[①]他明确要求充分珍惜"枫桥经验",大力推广"枫桥经验",不断创新"枫桥经验"。2013 年 10 月,在纪念毛泽东同志批示"枫桥经验"50 周年大会召开前夕,习近平同志就坚持和发展"枫桥经验"作出重

---

① 浙江省中国特色社会主义理论体系研究中心.从"平安浙江"到"平安中国"[N]. 浙江日报,2018-07-25(5).

要指示强调："各级党委和政府要充分认识'枫桥经验'的重大意义,发扬优良作风,适应时代要求,创新群众工作方法,善于运用法治思维和法治方式解决涉及群众切身利益的矛盾和问题,把'枫桥经验'坚持好、发展好,把党的群众路线坚持好、贯彻好。50 年前,浙江枫桥干部群众创造了'依靠群众就地化解矛盾'的'枫桥经验',并根据形势变化不断赋予其新的内涵,成为全国政法综治战线的一面旗帜。浙江省各级党委和政府高度重视学习推广'枫桥经验',紧紧扭住做好群众工作这条主线,为经济社会发展提供了重要保障。"[1]

党的十八大以来,浙江把创新发展"枫桥经验"贯穿于平安浙江、法治浙江建设的全过程,使"枫桥经验"的内涵不断丰富、功能不断拓展,发展形成了新时代"枫桥经验",成为基层社会治理的典范。新时代"枫桥经验"突出"五个坚持":坚持党建统领,坚持人民主体,坚持"三治融合",坚持"四防并举",坚持共建共享。党建统领是新时代"枫桥经验"的政治灵魂,反映了新时代"枫桥经验"的本质特征;人民主体是新时代"枫桥经验"的核心价值,体现了一切为了人民、一切依靠人民、一切由人民评判的根本立场;自治、法治、德治"三治融合"是新时代"枫桥经验"的主要路径;人防、物防、技防、心防"四防并举"是新时代"枫桥经验"的重要手段,有助于提高风险防控的预见性、精准性和高效性;共建共享是新时代"枫桥经验"的工作格局,也是基层社会治理的基本格局。"枫桥经验"诞生于乡村,并在乡村治理的实践中不断深化发展,是党领

---

① 新华网.习近平:把"枫桥经验"坚持好、发展好 把党的群众路线坚持好、贯彻好[EB/OL].(2013-10-11).http://www.xinhuanet.com//politics/2013-10/11/c_1176770-84.htm.

导人民创造的一整套行之有效的乡村治理方案。实现共建共治共享,就必须不断创新基层社会治理的机制和方式,大力引导和促进形成政府有效治理、社会自我调节、公民广泛参与的良好局面,努力实现乡村治理的现代化。

坚持乡村治理为了农民群众。人民主体立场决定了"枫桥经验"的政治立场、逻辑起点和价值取向,"枫桥经验"从形成之初到现在,无论是改造"四类分子"、化解矛盾纠纷,还是维护农村和谐、推进社会治理,都围绕着"解决人民群众身边的问题""解决人民群众的切身利益问题"的目标。

坚持乡村治理依靠农民群众。"枫桥经验"是党的群众路线在乡村治理中的生动实践,人民群众是"枫桥经验"的创造者。"枫桥经验"最早的内容就是发动广大群众参与,相信人民群众的力量。虽然时代变了,科技发达了,但"枫桥经验"把专门工作与群众路线结合起来的生命力没有变。必须充分发动广大农民,不断塑造和培养乡村治理的内生动力,真正让人民群众成为乡村治理的主体力量。

坚持乡村治理成果让农民群众共享。新时代"枫桥经验"打开了共建共治共享的通道,体现了大社会观和大治理观,农民群众成为乡村治理的最大受益者。浙江建立健全多元主体对话、协商、合作机制,大力培育发展社会组织和各类志愿者队伍,鼓励和支持他们在矛盾化解、社区矫正、帮扶救助、慈善公益等领域发挥积极作用,形成了各方力量积极参与、共同分享乡村治理成果的喜人局面。

二、平安巡察群防群治

群防群治是乡村治安防范的一个传统做法,主要由村"两委"组织发动村民群众,轮流开展治安巡防。"我为大家巡一夜,大家

为我守一年",是浙江乡村群防群治队伍最早提出的口号。20 世纪
80 年代,浙江许多乡村已经建立起以治安巡防为主的群防群治组
织,开展各种形式的治安防范和警民联防活动。到 21 世纪初,逐
步发展为党委、政府发挥主导作用,村干部、农村党员、村民代表、
普通群众以及综治信息员、调解员、义务巡防员、义务消防员等民
间力量共同参与乡村社会治理和平安建设。近几年,各地在乡村
群防群治的实践中,在视频监控等技防手段的支撑下,调整力量布
局、优化巡防模式、创新运作机制,形成群防群治的新方式。

　　在 G20 杭州峰会社会面防控工作中,浙江省以实名制加强基
层群防群治队伍建设,按照真实姓名逐人登记造册、逐人分配任
务、逐人明确职责、逐人兑现奖惩。浙江各地以村(社区)为基本单
元,按照姓名、性别、年龄、联系方式以及身体条件、岗位需求和具
体任务等内容,进行逐人登记,确保队伍人数、来源等底数清、情况
明。根据工作需要配置岗位力量,明确职责、任务、标准和要求,确
保防控工作实现定人、定岗、定责,做到科学、高效。群防群治队伍
实名制的做法,在加强和创新乡村治理、维护乡村社会和谐稳定中
发挥了很好的作用。责任到岗、责任到人,使农村群众参与群防群
治工作有了明确的标准,也使群众对参与群防群治工作更充满责
任感和自豪感,有利于更好地激发大家的积极性和主动性。

　　位于桐乡市的江南水乡古镇乌镇,自 2014 年起,成为世界互
联网大会的永久会址。"乌镇管家"是乌镇的一支乡村治理志愿者
队伍,组成力量是当地的群众,主要职责有社会面巡查、社情收集、
矛盾化解、平安宣传等。"乌镇是我家,我是大管家","乌镇管家"
管人、管事、管平安,为乌镇长治久安和世界互联网大会成功举办
作出了积极贡献。"管家＋管事"补齐乡村治理短板。乌镇广泛

发动和吸收党员积极分子、村民代表、民兵预备役人员以及企业单位、行业场所中的骨干人员参与乡村治理,"乌镇管家"4000余人,每个"管家"平均联系10户人家或相关单位,构成横向到边、纵向到底、面线交织、不留盲区的工作网络。"网格＋行业"破解乡村治理难题。"乌镇管家"具有人熟、地熟、情况熟的优势,不仅能够在网格化管理中发挥作用,而且打通了行业单位安全隐患排查报送渠道,覆盖到专业工作难以触及的领域。针对乌镇作为知名旅游景区人、财、物流量大的实际情况,"乌镇管家"实行行业包干责任制,配合专业部门,共同参与相关专项整治,起到了很好的示范带动作用。"传统＋创新"防范乡村治理风险。乌镇专门开发"乌镇管家"民情通微信平台,设立"乌镇管家"联动中心,及时指挥、交办和处置收集上报的各类信息,做到"件件有着落、事事有回音"。建立"乌镇管家"专项奖励基金,落实以"一事一奖"和"积分累计"为内容的奖励措施,更好地激发群众参与社会治理的积极性。

在浙江大地,活跃着许多像"乌镇管家"这样的乡村治理和平安建设志愿者队伍,如湖州市吴兴区的"平安大姐"、德清县的"德清嫂"、岱山县的"东海渔嫂"等,成为浙江乡村治理的一道亮丽风景线。

三、创新社会协同机制

社会治理本质上是人民群众自己的事业,人民群众具有参与社会治理的意愿和动力。需要建立健全多样化的社会动员和群众参与机制,鼓励和支持多元主体参与乡村社会治理,充分发挥人民团体、基层自治组织、各类社会组织和企业事业单位的协同作用,努力实现党政主导和社会自我调节、居民自治良性互动,既把党政的社会治理的规定和要求传递到群众中去,又能有效听取群众诉求,为群众提供便捷、高效的公共服务。乡村社会治理包括了自治、法治、德治等内涵,更加突出扁平化,更加强调大众的参与性。在乡村治理实践中,必须顺应发展大势,转变政府包揽一切的观念,发动和鼓励社会组织、公民个人等多元主体发挥作用;更加注重以柔性、协商为主要方式,强调以法治思维和法治方式解决乡村治理中遇到的矛盾和问题。

乡村社会矛盾大多源于利益诉求,预防和化解这些矛盾,关键是要把维护群众合法权益放在第一位,筑牢基层社会和谐稳定的民心基础。如一些地方针对征地拆迁类矛盾,坚持公告公示、反复沟通、"阳光拆迁",用群众工作方法做征拆工作,并畅通司法援助渠道,依法保障被征地人员的合法权益。重视导入市场机制,善于运用市场思维、市场机制推进社会治理创新,通过购买服务、项目外包、商业保险等方式化解矛盾、防控风险。引入专业化、职业化的社会力量,更多更有效地开展心理干预、矛盾调处、利益协商等工作,有利于群众问题反映、矛盾纠纷化解、权益维护保障。事实证明,向社会力量购买服务,将政府"不能做"、"不便做"和"做不好"的公共服务事项转移至其他企业和社会组织承担,不但有助于政府转变职能,更易为群众所接受,而且为企业和社会组织的发展壮大带来了更加广阔的空间。

志愿服务精神和志愿者是非营利性社会组织发展的基础,也是群众广泛参与乡村社会治理的关键所在。随着生活水平的不断提高、公民意识的不断增强,浙江各地建立起以平安志愿者为主的乡村志愿服务队伍。G20杭州峰会期间,浙江省在设区市、县(市、区)、乡镇(街道)、村(社区)分级设立总队、支队、大队、中队,共3.5

万余支队伍,实行统一标识、统一编号、统一调度指挥,积极开展应急救助、关爱服务、绿色环保、心理疏导、平安巡防等方面的工作。

第二节 防范化解乡村社会矛盾

一、创新民间多元调解方式

顺应经济加快发展与社会加速转型带来的新变化,浙江推动民间调解在内容和形式上创新,探索"用不同的钥匙开不同的锁"的矛盾纠纷化解新方式,最大限度地消除不和谐因素。

个人调解方式。借助和发挥专业人士、优秀调解员的优势,提高纠纷解决的质量和效率。例如,律师可以在纠纷各方之间保持独立与超脱,以第三方的身份组织调解、参与行政调解、主持庭外调解或和解,更加容易获得当事人的信任。同时,鼓励和推动优秀调解员建立品牌个人调解工作室。浙江的乡镇普遍建有调解工作室,发挥了良好的示范作用。

专业调解方式。基于"专业问题、专业解决"的思路,浙江大力发展专业调解方式,针对医患纠纷、交通事故、婚姻家庭、环境保护、劳资关系等专业性较强且总量较大的纠纷类型,设立各种专业调解委员会。专业调解委员会在调解员的构成、纠纷调处的方式上,都体现了专业化的特点,而且实现了资源的集中与整合。以医患纠纷为例,湖州市较早组建了医患纠纷人民调解委员会,配备懂医懂法的专职调解员,建立由医疗专家和法律专家组成的专家顾问团,为医患双方搭建互信平台,提供专业服务。

商会、行业协会调解方式。由商会、行业协会组建调解组织,调解内部成员之间以及内部成员与外部主体之间的民商事纠纷。

商会、行业协会覆盖面广,作为民营企业的"娘家"也更容易获得信任,不少商会和行业协会还制定了相关行业标准及公约。浙江许多地方依托商会、行业协会优势建立行业人民调解组织,成效明显。

电视调解方式。调解员的调解过程全程录音录像,并在当地电视台播放。电视调解让纠纷主体面对广大观众,客观上营造了一个更加适合摆事实、讲道理的对话氛围,从而既有利于调解员开展调解工作,也有利于通过宣教预防和减少纠纷。浙江多地开设了电视调解栏目,如杭州电视台《和事佬》栏目就有很大的社会影响力并产生了很好的示范效应和教育效果。

二、开展重大决策社会稳定风险评估

开展重大决策社会稳定风险评估,对于促进科学决策、民主决策、依法决策,预防和化解社会矛盾,促进社会和谐稳定具有重要意义,也是加强乡村社会治理、防范农村社会失稳的重要内容。浙江积极探索建立重大决策社会稳定风险评估制度,有效发挥其在定政策、搞改革、上项目、办活动等重大决策中的"过滤网"作用。

在重大决策社会稳定风险评估制度的顶层设计上,浙江具有五个特点:一是明确稳评主体责任。规定评估主体可以根据需要委托社会中介组织按相关要求开展稳评,但不发生评估责任的转移。二是引入简易评估程序。针对稳评事项难易程度不一的情况,规定若评估主体认为所评估事项社会稳定风险较小,可简化评估程序,但必须召开专题分析会,制定并落实风险防控措施。三是引入工作过程作为评价内容。评估要对稳评工作本身作出评价,综合考虑评估工作的开展过程、评估决定的落实情况、评估结论与实际实施情况等,对风险评估工作的有效性作出科学客观的评价。

四是在追责程序上明确牵头部门。对责任追究程序具体化,明确了谁牵头、什么时候启动。五是强调后续跟踪治理。决策机关全程动态跟踪重大决策实施情况,及时监测不稳定因素,并采取针对性措施。

一些重大决策事项引发涉稳事件的原因,并非决策本身不科学,而是公众的知情权、表达权、参与权没有得到很好的落实,政府公信力受到质疑。第三方评估机构具有中立性、专业性的特征,有助于避免"谁主管、谁评估"带来的责任主体与实施主体不分的状况发生,提高稳评的公信力和权威性,克服责任主体既当"运动员"又当"裁判员"的缺陷。同时,也可弥补责任部门人手紧张、技术力量不足的短板,促进评估工作更加专业规范、客观公正。各地对提出申请、符合条件的第三方机构建立数据库,方便评估主体选择、委托;对第三方机构稳评从业人员开展培训,组织交流探讨,提高稳评业务水平,加强管理和服务;对各级建立的稳评工作专家库,实行评估主体与第三方机构共享。

评估主体虽然将稳评工作委托给了第三方机构,但仍然对稳评工作承担监督管理的职责并对稳评结果负责。评估主体负责加强对第三方机构稳评工作的持续跟踪指导,提供相关资料信息,检查指导风险调查、识别等环节的工作,协调相关地方和部门配合支持开展稳评,督促第三方机构尽职尽责、认真履行合同义务,防止因工作"走过场"而有失科学公正。评估主体负责对第三方机构的全流程稳评工作,包括评估程序是否规范、评估方法是否科学、风险调查是否到位、风险识别是否全面、评估结论是否准确、风险防范化解措施是否周全以及稳评合同的履行、第三方机构的工作绩效等,进行客观全面的审查评价。对违反第三方机构规范要求的行为,作出不予备案、定期通报、限期整改、约谈警示、建议取消委托资格等处理;对涉嫌违法的,及时向有关部门通报移交。

三、建立全科网格制度

随着城乡社会结构发生变化,城中村、城乡接合部、偏远农村地区成为社会治理薄弱环节。特别是并村扩镇改革后,行政村、乡镇的半径扩大,网格化管理越来越成为推进基层社会治理扁平化、精准化、社会化的必要举措。浙江作为最早全面推行网格化管理的省份之一,不断深化拓展网格功能,个而推进全科网格建设,建设更高质量、更高水平的平安浙江。全科网格建设坚持"网格化管理、组团式服务"的浙江特色和机制优势,充分体现为民、便民、惠民的宗旨,进一步统筹整合资源,深化拓展功能。到 2017 年底,全省在行政村和城市社区统一划分了 10.9 万个网格,配备 23.4 万名专职兼职网格员,构建起无缝对接的基层治理体系。

坚持整合资源和落实专职统筹推进。全科网格制度作为"网格化管理、组团式服务"的升级版,更加突出统筹整合资源和组建专职网格员队伍。凡是实行网格管理的部门和行业,必须纳入全省统一的"一张网"。网格化管理工作实行多方协作、一网联动,统筹参与网格管理部门的职能、力量、资源和经费,整合相关协辅人员,通过政府购买服务等办法,招聘社会工作者担任专职网格员,并定岗定责,加强规范管理。各地根据区域大小、人数多少和民情复杂程度将网格进行分类,按需配备专职网格员。

坚持拓展功能和强化支撑同步发力。全科网格的"全科"是指综合的、多能的,但不是全能的。浙江把全科网格定位为党委、政府的网格,并不是哪一个部门的网格,在功能上做到信息掌握、矛盾化解、治安防控、便民服务"四到位",具体包括基础信息采集、社情民意收集、安全隐患巡查、矛盾排查化解和法律政策宣传五项基本功能。各地坚持以党建为统领,将市场管理、环境保护、公共安全等民生服务事项纳入网格,发挥综合性功能,实现"多元合一、一员多用",打破原来各自为战的局面。全科网格作为"基层治理四平台"的基础支撑,融入乡镇基层治理组织网络。

坚持改革创新和科技引领相互融合。推进网格化和信息化的功能有机结合、线上线下联动,优化工作流程,探索构建直接面对群众、全程链条式的线上办事服务流程,打通管理服务部门之间的各个环节,以直通车的方式传递群众信息,简化行政程序,提高办事效率。推进网格管理业务协同,全面梳理各条线、各部门的业务需求,整合各类网格管理移动应用平台,努力实现网格员只用一个移动终端就能收集上报所有相关信息。依托浙江政务服务网、浙江省平安建设信息系统,开发相应服务功能,将线下服务拓展到线上,将跨地域办事延伸到当地,为社会公众提供便捷、优质服务,兑现"最多跑一次"的承诺。

坚持长效运作和动态管理有机结合。上下联动、部门合力,形成一套高效顺畅、管长远的工作机制。浙江在专职网格员的管理上,实行村、乡镇两级双重管理。村里负责指导督促网格员开展日常工作;乡镇负责对辖区专职网格员的招录、培训、考核等工作,必要时统一调度指挥专职网格员,集中力量开展救援、救助和事件处置工作,做到平时为掌、战时为拳。在网格事件处理上,实行三级流转办理机制,对在网格化管理中了解到的群众诉求、发现的问题隐患以及居民通过平安浙江 App 上报的各类信息,村、乡镇、县逐级在网上受理事件、分析梳理、分流交办、督办反馈,形成闭环工作流程。在网格功能拓展上,实行网格事务准入制度,全科网格总体上要保持功能的稳定性,如有管理服务事项的增加或减少,必须经过一定的程序。

四、发挥乡镇基层治理主体作用

在体制转换和社会转型的进程中,人们的价值取向日益多元化,个人的主体意识明显增强,各种利益主张凸显,矛盾纠纷层出不穷,迫切需要探索适应时代要求的新的社会治理方式,全面加强乡村治理体系和治理能力建设。针对基层特别是乡村在群体性事件初发阶段普遍存在的信息不灵、力量不强、权责不明晰、化解不彻底等问题,浙江省确立乡镇党委、政府为基层社会稳定责任主体,整合资源力量,完善工作机制,筑牢维护社会稳定防线,守住不发生重大涉稳事件底线,努力夯实乡村和谐稳定的基层基础。

按照"矛盾问题发现在早、化解在当地,涉稳苗头处置在小、扑灭在萌芽"的思路,一方面,夯实全科网格"防火墙",强化预防和发现问题的能力;另一方面,建立一个预案、三项机制和五类流程的"一三五"应急处置"灭火"机制,实现前端防范和末端处置的有机统一。明确乡镇党委、政府是基层社会稳定的责任主体,全面落实风险排查、矛盾化解、重点管控和苗头处置等职责任务,有效解决了处置群体性事件在乡镇机制悬空、处置断层、力量薄弱的问题。创新全科网格信息采集方式,强化主动发现矛盾纠纷的功能,使网格成为源头防范风险的第一道防线。牢牢把握信息收集研判、力量整合、化解稳控三个关键点,对易发多发的征地拆迁、劳资纠纷、公共安全、非正常死亡等情况处置工作,分别绘制处置流程图,"按图索骥"、方便操作。规范大、中、小乡镇社会治理分类建设标准,整合现有资源和力量,避免"另起炉灶"、重复建设。

发挥乡镇党委、政府的统筹协调作用,在信息收集、矛盾化解、人员稳控或事件处置中,重视利用基层站所、村级基层组织以及平安志愿者等社会力量,强化区域联动联防处置功能。明确现场处置以公安力量为主,基层职能站所和社会力量协助开展化解疏导、人员稳控等工作,形成快速高效的联动处置机制,有效解决了应急处置中责任不清、响应不快、联动不畅、多头指挥等问题,提升了基层维稳工作实效。将乡镇作为基层维护社会稳定的责任主体,能有效推动乡村治理实现"矛盾不上交、事态不扩大、问题快消化、事件快解决"的工作目标。

第三节 夯实乡村治理基础

一、创建平安村

自 2004 年部署开展平安浙江建设以来,浙江省一直十分重视基层建设,坚持以乡镇为区域,以村为基本单元,深化平安村创建,推动形成有效的乡村治理、良好的社会秩序,持续提升人民群众的获得感、幸福感、安全感。

顺应群众需求,深化平安创建。坚持把群众的意愿和期盼作为平安建设的"风向标"和"晴雨表",了解群众所思所想、所愿所盼,找准深化平安建设的切入点、着力点。尤其是把平安乡村创建与扫黑除恶等专项工作结合起来,做到什么问题群众反映强烈就重点解决什么问题,切实解决老百姓关注的社会治安、公共安全、权益维护等现实问题,不断增强平安乡村建设的针对性和有效性。

依靠群众主体,深化平安创建。坚持人民群众的主体地位,积极探索新形势下动员组织群众的新机制、新办法,更加注重发挥人民团体、企事业单位和社会组织的积极作用,切实抓好网格化管理、组团式服务,培育发展平安志愿者队伍,努力形成人人参与、人人共享的创建格局。

聚焦群众满意,深化平安创建。坚持"平安不平安,老百姓说了算",以群众满意作为平安乡村建设的最高标准,把工作做到群众心坎上,把问题解决在群众急需处,对群众深恶痛绝的事"零容忍",对群众急需急盼的事"零懈怠",推动平安乡村建设由"围着指标、排名转"向"围绕群众意愿、要求干"转变,努力建设群众看得见、摸得着,真正认可、真心满意的乡村和谐社会。

二、让村务在阳光下运行

2004年6月18日,武义县后陈村全体村民选举产生了中国历史上第一个基层村务监督委员会,曾经的上访领头人当选为村务监督委员会主任。时任浙江省委书记习近平对此专门作出批示,要求关注和推动这个制度。到2009年11月,浙江全省3万多个行政村全部建立了村务监督委员会。2010年,全国人大常委会修订了《中华人民共和国村民委员会组织法》,明确规定村应当建立村务监督委员会或者其他形式的村务监督机构。2019年中央一号文件明确指出,全面建立健全村务监督委员会,发挥在村务决策和公开、财产管理、工程项目建设、惠农政策措施落实等事项上的监督作用。村务监督委员会从"治村之计"上升为"治国之策"。

十多年来,村务监督委员会制度使后陈村的乡村治理发生深刻变化,创造了村干部"零违纪"、村民上访"零纪录"、工程"零投诉"、不合规支出"零入账"的"四零"纪录,后陈村成为村风和谐、村容洁美、村民富裕的全国民主法治示范村。武义县坚持和发展"后陈经验",以让村务在阳光下运行为核心理念,在制度设计、工作机制、监管方式等方面不断加强标准化建设,推动村务监督制度向纵深发展。

推进制度设计标准化。武义县与时俱进加强对《村务管理制度》《村务监督制度》的梳理、补充和完善,先后四次对两项制度进行修订。同时,进一步完善《武义县村务监督委员会履职细则(试行)》等配套制度,使村务监督有章可循、有据可依。2018 年 7 月,武义县提出 20 条老百姓看得懂、干部做得到、实践好操作的标准化制度,使村务监督制度为推动新时代乡村治理提供了武义样本。

推进工作机制标准化。全面落实村务监督委员会的知情权、质询权、审查权和建议权,介入项目决策、执行全过程,全县所有村务监督委员会全部达到监督有制度、办公有场所、对外有牌子、监审有公章、履职有记录、工作有补贴的"六有"标准。拓展村务监督领域,确定村务决策"签字背书"等六项监督重点,实现全过程监督。村务监督委员会主任考核按五个等次规定工作报酬,倒逼履职担责。

推进监管方式标准化。实行重大村务事项全体村民或村民代表听证制度,健全党员干部向村民反馈党务、村务、财务工作,向党员大会反馈村民意见建议"双反馈"机制,提高群众关注度、参与度、透明度。推行"互联网＋信息公开"制度,村"三务"运行情况进远程教育站点、进数字电视系统,实现村民足不出户实时监督。

村务监督委员会这一创新举措,在加强基层民主管理和农村党风廉政建设中发挥了积极作用,实现了村民对村务管理事前、事中、事后的全程监督。实践证明,这是完善村民自治制度、推进基层民主政治建设的有益探索,是规范村干部用钱用权行为、推进农村党风廉政建设的有力抓手,是畅通联系沟通渠道、密切党群干群关系的有效举措,对于从源头上遏制村民身边的不正之风和腐败问题、促进农村和谐稳定具有十分重要的意义。

三、推行"小微权力"清单制度

农村"小微权力",是指行政村依法行使的村级"三资"(集体资金、资产、资源)管理、工程建设、费用报销、事务安排等各项村级事务管理中的各种权力。2014 年,宁海县首创推行村级"小微权力"清单制度,通过科学确权、规范用权、严格控权,有效破解农村基层权力运行不规范、不民主等突出问题,实现了自治、法治与德治的有机结合。相关经验做法相继为中央全面深化改革委员会办公室、中组部、民政部推广,被写入 2019 年中央一号文件。从 2014 年到 2018 年底,宁海县 655 个村级重点项目全部依法依规操作,节约资金 2600 余万元,挽回集体经济损失 1200 万元。

创新治理机制,变"经验治理"为"依法治理"。村级"小微权力"清单依法合理界定了村级组织和村干部的权力边界,有效避免暗箱操作、谋取私利等问题出现,成为干部群众遵循的"村内法",确保村级权力运行"一切工作有程序、一切程序有控制、一切控制有规范、一切规范有依据"。宁海县收集汇总村级组织和村干部权力 60 余项,梳理出台《宁海县村务工作权力清单三十六条》,涵盖了村级重大事项决策、项目招投标管理等 19 项村级公共权力事项以及村民宅基地审批、土地征用款分配等 17 项便民服务事项,基本实现对村级组织和村干部"小微权力"内容的全覆盖。围绕 36 项需要重点规范的村级权力事项,绘制权力行使流程图,逐项明确事项名称、责任主体、来源依据、操作流程、公开公示、责任追究六个方面的内容,使干部群众都能"看图说话""照单办事",有效防范村干部推诿扯皮、故意刁难等情况发生。明确凡是有关村内建设规划、公益事业兴办、工程项目承包、集体经济收益分配、宅基地使用等涉及村集体和村民利益的重大决策事项，必须经过村党组织提议、村"两委"会商议、党员大会审议、村民代表会议决议、群众评议的"五议决策法"民主程序，大小村务也必须按时按规公开，确保群众的知情权、参与权、监督权。

完善运行方式，变"专题清单"为"系统制度"。2018 年以来，宁海县在原有 36 条的基础上，进一步优化权力清单，按照"上级有要求的坚决落实、群众不方便的坚决精简、法无授权的坚决取消"的原则，新增惠农补助清单 15 条和村务监督规范等内容，取消和归并计划生育、户口迁移等权力事项 11 项，修改完善宅基地审批、低保申请等流程 28 项。突出事前、事中、事后全过程监管，健全党委、政府、村监会、村（社）群众"一条链"监督体系，进一步织密由村级重大事项报备、村集体资产资源承包合同备案、廉政风险干预等17 项保障机制组成的"一张网"。同时，结合推行"村民说事"，试点实施"乡贤议事会""村务评说会"等制度，既扩大监督覆盖面，又提升监督实效。推行村干部权力清单上岗培训和任职承诺，试行不称职村干部接受教育和不合格农村党员干部、村民代表退出制度。进一步整合村级事务人员，建立以绩效为导向的村干部报酬制度，实现"责、权、事、人"高效配比。村级"小微权力"清单制度实施以来，反映村干部问题的信访量逐年下降。

打造便民通道，变"村民跑腿"为"履职为民"。宁海县按照"放管服"改革的要求，以法治规范促进服务增效，让村民办事不费力、监督不受阻、求助不出村。以"最多跑一次"改革为牵引，建立完善容缺受理、并联审批、顶岗补位等 14 项便民措施，开通运行"宁海村民 e 点通"App，推动便民服务事项变"路上跑"为"网上跑"。设立村级便民服务中心,建立联村干部、村"两委"干部、大学生村官等定期坐班、轮流值班制度,收集整理群众托办事项,及时向乡镇反映村情民意,努力实现"百姓事马上办"。积极探索"互联网＋"的村务公开办法,建成"阳光村务网"和数字电视公开平台,使老百姓足不出户就可实时公开查看、跟踪村情村务。按照任何群众在任何时间、任何地点通过任何方式都能获得任何法律服务的"5S"服务要求,实施"一村一律师顾问"制度,上门为村民提供专业法律服务,开展以村规民约执行、村务党务公开为主要内容的"法律体检"。到2018年底,宁海全县已实现农村法律顾问全覆盖,累计提供法律服务4万余人次,办理法律援助案件近1700件,挽回经济损失2600余万元,有效维护了村民的合法权益。

四、建设"清廉村居"

长期以来,农村事务存在"上级监督过短、下级监督过软"问题。近年来,浙江多地积极探索,把清廉思想、清廉制度、清廉规则、清廉纪律、清廉文化融入农村经济社会发展全过程,扎实开展"清廉村居""清廉乡村"建设,服务保障乡村振兴战略实施。2017年9月,天台县出台了"清廉村居"建设实施方案,以"班子清廉、干部清正、村务清爽、民风清朗、干群和合"为目标,制定相关考核办法,系统推进"清廉村居"建设。

实施"清廉班子"打造工程。出台《天台县村级干部权力清单》,制定权力流程图,规范权力运行。建立村居干部廉洁档案,制定评估单开展廉情评估,并将其作为村居干部换届的重要依据。

实施"一路清风"净化工程。出台《村居干部作风建设规定》和《村居干部问责实施办法》,建立作风督查常态化机制,实施问责专项行动,要求受到问责的村居干部在党组织生活会或村民代表会议上作出检查。在村级工程建设上,推行村居干部全部签订"不承建本村发包的工程项目、不搭股承建本村发包的工程项目"等"五不"承诺书。

实施"小微权力"清源工程。加强集体资金、资产、资源监管,严格执行村级财务逐笔公开、村级银行账户管理、银行账户存取短信实时提醒等核心制度,推行村账公开面询监督。加强工程建设监管,建立工程事前报备制,实行全程参与监督。每个村设立一个微信公众号,定期发布党务、村务、财务等信息。

实施"以文化人"联动工程。全面挖掘廉政文化资源,建设"一乡一品"廉政教育基地。在"美丽庭院"建设过程中,注入"孝文化""廉文化""和合文化",推进"清风庭院"建设。在农村文化礼堂增加廉政文化、家风家训等内容,梳理族规、村规、行规,发挥村规民约"软制度"作用。深入挖掘优良家风家训,传颂清廉故事。

实施"和合干群"提升工程。建立村居干部"和合共事"机制,搭建班子共事"亲和带"。健全党员干部联系群众家庭制度,开展谈心谈话,构建和合家庭"朋友圈"。出台《进一步发挥村监会作用的指导意见》,建立村监会业务指导中心,理顺工作关系,规范工作制度,有效发挥村监会的民主监督作用。

五、打造"基层治理四平台"

乡镇是加强和创新乡村治理的关键层级,但现实中乡镇权责利不相一致、统筹协调功能不强、条与块合力不足,"看得见的管不着、管得着的看不见"的现象较为突出。为破解这一难题,2015 年,浙江省明确要求提升乡镇(街道)统筹协调能力,探索建设乡镇(街道)综治工作、市场监管、综合执法、便民服务四个基层治理的功能性工作平台。"四平台"涵盖了经济、社会、文化和乡村建设管理服务的方方面面,是推进"放管服""最多跑一次"改革在基层落地的重要载体。浙江各地统筹县乡条块力量,优化行政资源配置,整合乡镇(街道)和部门派驻机构职能相近、职责交叉和协作密切的日常管理服务事务,搭建功能性工作平台,着力形成权责清晰、功能集成、扁平一体、运行高效、执行有力的乡镇(街道)管理体制和运行机制。

完善"四平台"功能。"四平台"把原先乡镇和部门割裂的、断层的、碎片化的资源整合起来,形成基层治理"大部制",涵盖了乡镇绝大多数工作事项。综治工作平台主要依托乡镇综治办,统筹派出所、检察室、法庭、司法所、信访办等工作力量,强化治安维稳、平安建设等方面的协作。市场监管平台主要依托乡镇食安办、市场监管所,加强与农业、卫生等部门的协作联动,承担面向企业和市场经营主体的行政监管和执法职责。综合执法平台以乡镇综合行政执法中队为主体,统筹国土、规划、环保、安监等行政执法力量,实行统一指挥、联合执法。便民服务平台依托乡镇便民服务中心,提供审批服务、政务服务和生活服务。

强化"四平台"支撑。以综合指挥、属地管理、全科网格、运行机制为支撑,横向打通各部门基层专业信息系统,实现多渠道信息集中共享,并在乡镇设置综合信息指挥室,承担信息汇总、综合研判、流转督办、绩效评估等工作职能。完善属地管理机制,纳入乡镇属地管理的派驻人员薪酬标准参照乡镇执行,派驻机构负责人的调整任用需征得派驻地所在乡镇党委同意。加强与"最多跑一次"改革的对接,建立工作会商、联合执法、监督考核机制和"镇村前台受理、县级后台办理"工作机制。

创新"四平台"服务。以推行政府权力清单、政府责任清单、企业投资负面清单、省级部门专项资金管理清单和浙江政务服务网为主要内容,深化"四张清单一张网"改革,通过"四平台"推进"放管服"改革。整合县级的公安、人力社保、环境保护、市场监管、综合执法、卫生健康、安监、流动人口服务管理、消防等职能,按功能相近的原则下沉纳入"四平台"。通过相应的功能模块划分、工作流程再造和工作机制完善,把"条条"与"块块"的工作力量整合起来,优化行政资源配置,形成社会治理和网格事项的受理、分析、流转、处置、督办、反馈、考核的闭环管理一体化机制,解决乡镇(街道)责大权小"看得见、管不着"的问题。依托浙江政务服务网基础技术平台,实行"互联网+基层治理",推进信息化与政务服务、社会管理、行政执法等深度融合,形成网上服务与实体大厅联动、线上与线下服务结合的新型政务服务模式,不断增加便民服务事项网上受理、办理的数量和种类。以前是"有事不知道找哪个部门",现在是"有事找平台",大大提升了企业和群众的获得感。

第四节 推进自治、法治、德治融合

一、"三治融合"的桐乡实践

2013 年 5 月,桐乡市首次提出自治、法治、德治"三治融合"的理念,并进行了积极的实践探索。桐乡市的"三治融合"探索,列出 3 大体系、6 个项目、18 个工程,主要有以下特点:

培育乡村治理多元主体,探索解决"谁来治"的问题。在党委、政府的主导下,培育基层自治力量,激发社会自治活力。梳理并公布了 37 项基层群众自治组织依法履行职责事项和 40 项协助政府工作事项,推动乡村基层自治组织职能归位。建立健全百姓参政团、道德评判团、百事服务团和村民议事会、乡贤参事会的"三团两会",增强群众的主人翁意识,增强基层治理活力。加大社会组织培育力度,探索实行社会组织准入和登记改革制度,打开农村社会组织登记绿色通道。发展壮大志愿服务队伍,探索建立"红色义工""爱心超市""义工时间银行"等载体,完善积分制管理,为群众提供多样化的志愿服务。

发挥"三治融合"独特优势,探索解决"怎么治"的问题。注重发挥自治的基础作用,推行"多元参与、协商共治"的农村社区自治,通过村民议事、民主评议等形式,推动乡村事务从"为民做主"到"由民做主"转变。全面开展村规民约的修约、践约和评约活动,将婚姻家庭、邻里关系、婚丧事务、平安建设、民主参与等纳入村规民约条款,有效解决农村社会治理中的实际问题,促进家庭和睦、邻里和洽、家园和美。注重发挥法治的保障作用,深化普法教育,推进民主法治示范村创建,推广"法治驿站""法律诊所"等做法,推进法律服务下基层,实现每一个村配备一名法律顾问。全面推行民主决策、专家咨询和民生事项公众听证等制度,建立重大决策社会稳定风险评估制度,防止决策不当引发社会矛盾。注重发挥德治的引领作用,坚持以规立德,推进全社会征信系统建设,建立"红黑榜"发布机制,广泛开展诚信宣传,利用文化礼堂、道德讲堂、德孝主题公园等载体,广泛开展社会主义核心价值观宣传教育活动,引导村民群众讲道德、崇道德、守道德。倡导以评树德,广泛树立道德典型,有效提升乡村社会治理的能力和水平。

建立"三治融合"保障机制,探索解决"如何治"的问题。加大制度建设力度,完善政策体系,出台专门意见,组织协调社工办、政法委、综治办、宣传部、文明办等单位协同推进"三治融合"建设,并将"三治融合"工作纳入领导干部目标责任制考核和平安综治考核。加强工作力量和经费保障,建立以政府购买服务为主要形式的财政支持机制。

二、"三治融合"的方法创新

全省各地在"三治融合"上有许多有益的探索和成功的实践,总结梳理主要有以下工作方法:

网格管理法。深化全科网格建设,统筹乡村各种人员力量、职能和经费,推动治理重心下移,打通群众诉求渠道,加强科技手段应用,形成全科支撑、上下联动、一网服务的乡村社会治理模式。

协同推进法。凝聚社会各方力量,将企业、社会组织、志愿者等纳入"三治融合"工作体系,发挥多元主体的积极性和主动性,推动乡村社会治理格局从"单打独斗"向"协同推进"转变。

重点突破法。以发挥村级社会治理组织作用为重点,立足当前,着眼长远,集中力量破难题,使"三治融合"工作迅速得到认同,不断深入人心、形成氛围。

群策群力法。充分发挥基层群众的主观能动性,构建"小政府、大社会"的治理体制,推动政府从"替民当家""大包大揽"向"让民做主""共建共享"转变。

分层工作法。针对乡村治理中的问题,建立定期分层解决机制。由网格员收集存在的问题信息,先在网格内进行协调处理,然后再组织共建单位、在职党员、"三治"服务团、红色义工等力量对网格解决不了的问题进行集体协商、共同参与解决。

"以新化新"法。在外来人口数量多、聚集度高且矛盾问题多发的村,专门设立新居民自治工作站,推选为人正直、口碑好、威信高的新居民代表,采取"以新治新""以外管外""乡音调解"等治理模式,推动新居民融入当地,与当地群众和谐相处、共同发展。

刚柔并济法。坚持依法行政、依法办事、依法治村,同时通过村规民约约束、道德评判团劝说等方式进行治理,德法并举、刚柔并济,取得良好社会效果。

先锋引领法。充分发挥党员干部、先进人物、人大代表、政协委员、道德模范的带头作用,带动身边群众共同参与乡村治理,形成良好乡风民风。

共商共议法。搭建群众参与社会治理的平台,让老百姓拥有更多话语权,实现民事民议、民事民办、民事民管,形成"有事好商量、遇事多商量"和"大事一起干、好坏大家判、事事有人管"的工作格局。

三、构建乡村"善治"体系

自治、法治、德治"三治融合",是新时代农村基层社会治理的发展方向。党的十九大报告指出,健全自治、法治、德治相结合的乡村治理体系。2018 年中央一号文件要求,坚持自治、法治、德治相结合,确保乡村社会充满活力、和谐有序。这标志着我国乡村治理进入了一个崭新的阶段。新时代坚持和发展"三治融合",要坚持以善治为目标,不断巩固成果、扩大覆盖、完善提高。发挥自治的基础作用,加强城乡社区群众自治组织建设,进一步实现基层党组织领导下的民事民议、民事民办、民事民管,健全以群众自治组织为主体、社会各方广泛参与的新型社区治理机制。强化法治的保障作用,引导社会成员在法治轨道上主张权利、定分止争,努力使循法而行成为全体公民的自觉行为。注重德治的引领作用,通过生活礼仪的教化、乡规民约的约束、"最美"现象的示范,引导人们行为,规范社会秩序,平息矛盾纠纷,把基层社会治理建立在道德的高地上。

浙江省把对自治、法治、德治"三治融合"的实践探索与坚持发展新时代"枫桥经验"有机结合起来,走乡村善治之路。各地不断完善和落实基层民主选举、民主决策、民主管理、民主监督制度,在全国率先实现行政村村务监督委员会全覆盖,大力推行基层民主恳谈、民主票决制、民情日记、民情档案以及网上民意直通车等有效做法,全面实行党务、村务、财务公开,依法保障基层群众的知情权、表达权、参与权、监督权。2013 年底,浙江省委十三届四次全会第一次正式提出"完善法治、强化德治、推进自治"的基层"三治"建设理念。2014 年初,浙江将健全"三治合一"的基层治理工作机制列为全省创新社会治理六大机制之一,并纳入平安浙江考核。2015 年,在全省新一轮村规民约、社区公约修订中,"坚持法治、德治、自治相结合"成为全省 3 万多个行政村(社区)的共同条款。

2018 年初,浙江把"三治融合"基层社会治理体系建设推广工程作为总结提升推广新时代"枫桥经验"六大工程之一。2018 年 6 月,全省"三治融合"基层社会治理体系建设现场推进会在桐乡召开,会议明确提出年内要完成的具体任务:全省村规民约(社区公约)、自治章程修订率达到 100%,合法性审查率达到 100%;新建省级民主法治村(社区)400 个,全省各级民主法治村(社区)巩固率达 100%,村级公共法律服务点实现全覆盖;全省行政村农村文化礼堂建设覆盖率达到 65%;在民主法治村建设基础上,建设省级"三治融合"村(社区)示范村 2000 个。

四、形成协商民主良好生态

位于东海之滨的象山县,从 2009 年开始,探索形成了乡村治理的创新之举——"村民说事"。这是从民间"有事要商量、有事好商量、有事多商量"的朴素智慧出发,建立起来的一项制度。无论是村里的麻烦事,还是村民的困难事,只要到村里的"村民说事"上说一说,基本上都能得到解决。

"村民说事"由"说、议、办、评"四个环节组成。其中,"说"就是让村民有事敞开说,把事亮出来;"议"就是党组织牵头议,把对策找出来;"办"就是马上办,党员干部带头,既办村里大事,也帮村民解决生活中的小事;"评"就是结果大家评,把谱定出来。四个环节实现村务的决策、治理、监督全过程民主,走出了一条共商共信、共建共享的治村理事新路子。

近年来,象山县进一步积极探索、创新发展,扎实推进"村民说事"从 1.0 版向 2.0 版迈进,其经验做法被写入 2019 年中央一号文件。一是增强"说"的广泛性。拓展说的渠道,在落实固定时间集中说、党员联户上门说的同时,探索形成"网格说""线上说""现场说"等新方式;扩大说的主体,引导发动政法干警、乡贤能人、"新村民"参与村民说事;丰富说的内容,围绕乡村旅游、集体经济、村庄建设等主题,2018 年全县开展说事会 3000 余场,参与村民近 4 万人次。二是强化"议"的规范性。规范议的程序,以"小微权力"清单为议事准则,常事、急事召开村务联席会议商议,大事、要事召开党员大会、村民代表会议商议;提升议的质量,邀请乡贤、法律顾问等参与村庄发展等重大事项的议事;建立议的"直通车",对村级无法解决的难事、特事,通过"一中心四平台"直接提交上级商议决定。三是突出"办"的实效性。推进"放管服"改革向农村延伸,实行村级事务管理多员合一、专职代办,目前象山县 282 项事项已实现群众办事不出村、不出镇。四是注重"评"的科学性。说事村民专项评,对每件办结事项进行满意度测评,做到一事一评、即办即评;村民代表综合评,结合"双述双评",对"村民说事"全年开展情况进行综合评价；乡镇（街道）绩效评，把"村民说事"与集体经济、村庄环境、社会稳定、干部廉洁"四张报表"考评相结合。

象山"村民说事"制度已在 18 个乡镇（街道）、490 个行政村全覆盖，通过"村民说事、村务会商、民事村办、村事民评"，形成"说、议、办、评"闭环管理制度模式，累计召开说事会 1 万余次，收到各类议题超过 5.1 万项，解决率达 93.8%。

"村民说事"成为乡村自治的创新平台，推动形成自管自服自教自监的治理格局；成为乡村法治的实践平台，推动形成尊法学法守法用法的治理保障；成为乡村德治的提升平台，推动形成崇德立德育德养德的治理支撑；成为乡村善治的集成平台，推动形成共商共建共治共享的治理生态。

第五节　实现群众矛盾纠纷化解"最多跑一地"

习近平总书记强调，要努力将矛盾纠纷化解在基层、化解在萌芽状态，避免小问题拖成大问题，避免一般性问题演变成信访突出问题。浙江省推动"最多跑一次"改革向社会治理领域延伸拓展，打造县级社会治理综合服务中心（信访超市）（以下简称"中心"），推动群众诉求解决"只进一扇门""最多跑一地"，实现矛盾纠纷高效处置、多元化解。至 2019 年底，全省县（市、区）建成实体化的"中心"，完成机制整合，县级接访多、源头化解好的良好信访生态基本形成。

一、整合力量资源，推动"只进一扇门"

推动县级人民来访接待中心、矛盾纠纷多元化解中心、诉讼服务中心、公共法律服务中心、社会治理综合指挥中心、"智慧城管"

中心、12345统一政务咨询投诉举报平台等线下线上工作平台,成建制入驻"中心",同时吸收法律咨询、心理服务、行业性专业调解、公共管理等相关部门(组织)力量进驻,实现群众矛盾诉求解决"只进一扇门"。各派驻单位工作人员原行政隶属关系不变,派驻工作期间由"中心"实行统一领导、统一管理、统一调度、统一考核,从而增强"中心"的统筹协调能力。建立阳光透明的公开监督机制,通过信息平台统一登记所有办事服务事项,实现事项可查询、可评价、可跟踪、可督查。例如,舟山市普陀区按照"全科门诊"目标要求,成建制入驻网格管理中心、综治中心、"基层治理四平台"指挥中心等15个部门,常态化进驻海事渔事、医疗纠纷、劳动争议等12个专业性、行业性调解组织,并根据需要不定期入驻教育、建设、民政等部门。

各地均在"中心"设立无差别受理窗口,"一个窗口"受理群众提出的各类纠纷化解、信访诉求、投诉举报等事项,由工作人员分流到专业窗口或相关部门精准办理。责任一时不明的,由"中心"指定相关性较强的单位牵头办理,避免出现部门间推诿扯皮、群众重复来访等问题,确保"事事有着落、件件有回音"。通过电话、信件、网络等渠道反映的事项,统一由"中心"分流处置,集成办理。例如,衢州市柯城区在候访大厅设立综合受理窗口,群众在窗口统一登记后,能立即答复的由工作人员当场解释说明,无法当场处置的引导至旁边调解大厅由相关专业窗口处置,实现了精准接待受理。

二、集成多元手段,注重联合调处

组建调解专家库,鼓励和支持社会组织、个人品牌调解室、律师等第三方力量参与,构建和完善诉调、警调、检调、专调、访调"五调联动"工作体系,打造联合调处、多元化解的矛盾解决工作模式。简单矛盾纠纷一般由入驻部门当场调处解决,或通过社会调解力量调处解决。重大疑难纠纷和群体性纠纷由相关职能部门和人民调解员、律师等多方力量联合会商研判,制定解决方案,推动纠纷化解和事件平息。涉诉矛盾纠纷坚持"调解为先、诉讼断后",从源头上减少诉讼增量,调解不成则导入诉讼程序,并通过进驻中心的法院简案快调速裁团队对简单案件进行快速判决。针对外地和出行不便的群众,综合运用在线矛盾纠纷化解平台、"移动微法院"等信息平台,实行"线上调""掌上办",为群众提供高效便捷的远程服务。坚持依法、及时、就地解决问题和教育疏导相结合,将思想教育工作贯穿于矛盾化解的全过程,有的放矢做好说服、解释工作,并加强心理健康咨询服务,帮助群众解开心结。

三、健全联动体系,突出就地化解

加大县域力量统筹和资源整合力度,合理确定各层级的工作职责和人员配备,理顺县级业务主管部门与乡镇(街道)、村(社区)的管理服务权限,探索建立协调指导在县里、综合指挥在乡镇、具体处置在平台、发现问题在网格的基层治理体制机制。一是搭建高效有力的联动系统,提升基层治理能力。"中心"加强与乡镇(街道)"基层治理四平台"、村(社区)全科网格的衔接配合,搭建高效有力的基层治理系统,上下联动就地解决问题,不断提升"小事不出村、大事不出镇、矛盾不上交"的能力。二是搭建一体运行的信息系统,实现全域快速响应。整合浙江政务服务网、基层社会治理综合信息系统、视频监控、视联网等信息化资源,建设县、乡、村、网格四级信息全域统筹的社会治理信息系统,加强数据资源整合应用,打造集线上流转办事、动态管理、调度指挥、预测预警、精准决策于一体的县域社会治理"智慧大脑"。三是搭建上下联通的代办系统,推动矛盾纠纷化解在当地。探索推进信访代办(代跑)制,由"两代表一委员"、基层干部、网格员或志愿者为有需要的群众代办(代跑),打造信访"流动超市"。代办的案件导入"中心"信息系统,办理完毕后由代办员将结果反馈给群众,解决基层群众不会访、无序访等问题。不符合群众预期结果的由代办员做好解释说明工作,及时安抚群众情绪。

◆◆ 思考题

1.新时代"枫桥经验"的核心内涵是什么?

2.如何积极防范和有效化解乡村社会矛盾?

3.夯实乡村治理基础应当从哪些方面入手?

4.怎样构建自治、法治、德治"三治融合"的乡村治理体系?

第七章 乡村共同富裕

◆◆ 内容提要

"三农"问题的核心是农民的收入问题,农民的腰包鼓不鼓、生活好不好、心里乐不乐,是检验乡村振兴战略实施成效的最直观标尺。改革开放以来,特别是党的十八大以来,浙江以改革的勇气、创新的举措,干在实处、走在前列,多渠道增加农民收入,持续提高农民生活质量,通过实施山海协作工程推动区域协调发展,努力确保全面小康路上一个也不能少,打开了全省农村居民共同富裕的崭新天地。

增进民生福祉是发展的根本目的,实现农民生活富裕是乡村振兴的主要任务。习近平同志始终把群众的安危冷暖挂在心上,在浙江工作期间,开创性地提出了深入实施"山海协作""欠发达乡镇奔小康""百亿帮扶致富"三大工程,有力地推动了区域协调发展和欠发达地区群众生活水平的提高。他强调:"必须明确,让百姓过上富裕安康幸福的生活,不断提高人民群众的生活水平和质量,是我们发展的根本目的;让不同区域的城乡居民享有基本同等的生活水平和质量,是我们统筹区域发展的出发点和落脚点。因此,推进欠发达地区加快发展,一定要把着力点放在人民群众生活水平的提高上,放在生产生活环境的改善上,放在人口素质的提升上。"①在党的十九大报告中,习近平总书记指出:"必须多谋民生之利、多解民生之忧,在发展中补齐民生短板、促进社会公平正义,在幼有所育、学有所教、劳有所得、病有所医、老有所养、住有所居、弱有所扶上不断取得新进展,深入开展脱贫攻坚,保证全体人民在共建共享发展中有更多获得感,不断促进人的全面发展、全体人民共同富裕。"②习近平总书记指出,农业农村工作,说一千、道一万,增加农民收入是关键,要加快构建促进农民持续较快增收的政策机制,让广大农民都尽快富裕起来。改革开放以来,特别是党的十八大以来,浙江经济、政治、文化、社会、生态文明持续发展,为促进城乡融合、建设美丽乡村、推进农业农村现代化插上了腾飞的翅膀。各级党委、政府锐意创新、开拓进取,广大农民艰苦创业、勤劳致富,社会各界关心关爱、共建共享,有效打开了农民共同富裕的崭新天地,人民群众获得感、幸福感、安全感不断提高。

第一节　多渠道增加农民收入

一、支持农民合作创业,提高经营性收入

现代农业是农民创业的主要领域,产业发展是农民增收的基本途径。浙江把做强农村产业作为乡村振兴的首要任务,以农业供给侧结构性改革为主线,以高效、生态、优质为导向,完善现代农业产业体系、生产体系、经营体系,推进农村一二三产业融合发展。

---

① 习近平.干在实处　走在前列:推进浙江新发展的思考与实践[M].北京:中共中央党校出版社,2006:203-204.

② 习近平.决胜全面建成小康社会夺取新时代中国特色社会主义伟大胜利:在中国共产党第十九次全国代表大会上的报告[M].北京:人民出版社,2017:23.

积极实施粮食扩面增产行动,推广"千斤粮万元钱"等高效种植模式,广泛推广应用农业主导品种和主推技术,加强农田水利设施建设,为发展高效生态现代农业创造条件。创新农业龙头企业与农民利益共享机制,延长农业产业链,提升农产品附加值。完善农业补贴政策,发展农业社会化服务组织,加强农业金融保险服务,引导和帮助普通农户迈入现代农业发展轨道。把合作创业作为增加农民收入的重要手段,支持农民通过多种形式的联合协作,增产增收。

让农业成为有奔头的产业,让农民成为有吸引力的职业。浙江推动农作模式创新,发展立体种植、设施农业、生态养殖,推进农业标准化生产、产业化经营、品牌化营销。实行"互联网＋"行动,培育农业全产业链经济。健全新型农业经营主体支持政策,大力培育家庭农场、农民专业合作社、农创客、农业企业等新型主体,积极扶持农村实用人才和创业创新人才,鼓励引导资本、人才等要素流向农业农村,让城市要素与乡村资源有机融合。全省农民工、大学生、退役军人等返乡创业层出不穷,经营性收入成为浙江农民钱袋子中除工资性收入之外的主要组成部分。

充分利用美丽乡村建设成果,加快美丽环境向美丽经济转化。浙江大力发展乡村旅游经济、生态经济、电商经济、文创经济、养生经济等美丽经济业态,实现乡村经济多元化,增加农民创业收入,让农村的好山、好水、好空气、好产品变成增收致富的"宝物"。自2003年以来,浙江农家乐和民宿从"点上萌芽"向"产业集群"发展,呈现方兴未艾的态势,成为乡村产业兴旺、农民增收致富的新增长极。至2018年底,全省有农家乐休闲旅游特色村(民宿集聚村)1100余个、农家乐特色点(农庄)超过2000个,农家乐经营户2.2

万户、直接从业人员近 17 万人，登记在册的民宿超 1.6 万家、直接就业人员超 10 万人。

二、促进农民充分就业，增加工资性收入

与全国其他大多数省份相比，浙江农民收入结构中的工资性收入占比相对较高。1996 年以来，浙江农民的工资性收入占全部纯收入的比重总体上保持不断增长的势头，从 1996 年的 39.3% 逐渐上升，到 2015 年达到了 62%，近几年稳定保持在这个比例。究其缘由，主要是浙江有发达的民营经济，给农民带来了大量的就业机会；加上浙江的城镇化率较高，第二、第三产业发展较快，农村居民也就有了更多的就业机会。许多农民是农忙时段耕作田地，其余大量的时间放下手中的锄头，从事其他产业，获得更多的收益。

大力推动农村富余劳动力转移就业，促进农业转移人口市民化，提高其融入能力、就业技能，实现农民进城稳定、创业稳定、就业稳定。进一步完善政策举措，促进已经在城镇稳定就业和生活的农民融入城镇。一方面，继续深化农村土地承包经营权、宅基地用益物权、集体资产股权"三权"到人（户）、权随人（户）走改革，加强农村集体经济组织中有关"三权"权利的保护。另一方面，加快户籍制度改革和城镇公共服务制度改革，有序放开大中城市落户限制，实行居住登记制度，完善与居住年限等条件相挂钩的基本公共服务提供机制，维护农业转移人口的合法权益，如随迁子女平等享有受教育权利，在医疗和住房保障等方面的权利，等等。

以新生代农民工为重点，开展职业技能培训，提升其素质和技能，扩大灵活就业，促进农民工多渠道转移就业。健全覆盖城乡的公共就业服务体系，下沉服务平台，实现城乡就业创业服务一体化、均等化。推动形成平等竞争、规范有序、城乡统一的劳动力市

场,努力形成"时时处处无闲人"的充分就业格局和"家家户户有收入"的普遍增收格局。鼓励多种所有制经济发展,广辟创业就业渠道。现在,民营经济创造了全省50%以上的税收、60%以上的生产总值、70%以上的外贸出口、80%以上的就业岗位、90%以上的新增就业岗位。到2018年底,全省共有民营经济市场主体627.35万户,占各类市场主体总数的95.9%。

三、深化产权制度改革,拓展财产性收入

财产性收入是导致城乡居民收入差距拉大的重要因素,也是当前农民增收的最大短板。浙江坚持把增加财产性收入作为促进农民增收的重点,赋予农民更多财产权利,拓展增加农民财产性收入的通道。

确权,让农村产权可量化可交易、归属清晰,是唤醒沉睡资产、赋予农民更多财产性收入的基础。至2018年底,全省农村土地承包经营权确权登记颁证率超过94%,符合登记条件的农户宅基地确权发证率达95%,村经济合作社股份合作制改造率达99.5%。2006年从丽水开始的林业改革,成为促进农民增收新的重要举措:让权益变收益,让资源变资本。林权、土地经营权、农居房产权,甚至茶园、古树凉亭、村道桥梁、水利设施等,均被纳入可抵押贷款或入股分红的范围。从"死产"到"活权",再到"活钱",沉睡的资产被盘活。

大力发展合作经济,让资源变资产、资金变股金、农民变股东,加快补齐农民财产性收入短板。深化农村集体产权制度改革,完善农村经营性资产股份合作制改革,赋予农村集体产权更多权能。探索宅基地"三权分置",盘活闲置农房和宅基地。大力发展股份合作,支持农村集体经济投资二、三产业项目,鼓励农民把闲置资

金入股村集体、合作社开展资金互助,允许农民以土地经营权等作价入股参与项目开发。对财政资金投入农业农村形成的经营性资产,探索将股权量化到村到户,作为村集体或农户持有的股权,让农民长期受益。发展农业产业化经营联合体,健全产业链利益联结机制,采取"保底收益＋按股分红"等形式,让农户分享加工、销售环节收益。

集体经济是村级组织的"财政"来源,增加集体经济收入,一方面是为了保证基层组织运转,另一方面也是为了增进农民福利。激发农村资源资产要素活力,鼓励农村集体经济组织与工商资本合作,因地制宜采取资源开发利用、统一提供服务、物业管理、混合经营、异地置业等多种实现形式,增强自我发展、自我服务、自我管理能力。建立符合市场经济要求的集体经济运行新机制,增强集体经济"造血"能力和发展活力。探索建立村级集体经济分红制度,增加农民财产性收入。

四、完善再分配制度,扩大转移性收入

优化国民收入分配,完善农村公共服务,促进农民转移性收入稳定增长,让广大农民分享改革发展成果。浙江坚持财政支出重点向"三农"倾斜,不断加大强农惠农富农政策力度,农林渔业补助补贴、养老金、救济金和扶贫资金等持续增加,社会保障程度明显提高,城乡基本公共服务均等化不断推进,农民转移性收入增长较快。浙江农民的收入构成中,转移性收入从 2004 年的 259 元增加到了 2018 年的 2943 元。

按照城乡一体化要求,健全社会救助制度,建立城乡低保标准动态调整机制,完善新型农村合作医疗筹资增长机制,扩大社会养老保险覆盖面,稳步提高城乡居民基础养老金和医保补助标准。

特别是不断提高最低生活保障标准、欠发达地区下山搬迁农户补助标准,让弱势群体过上有尊严的生活。2018年,浙江率先在全国全面实现县(市、区)域范围内低保标准城乡一体化,全省在册城乡低保对象74.4万人,占户籍人口的1.54%。城乡居民基本医疗保险参保人数、筹资标准、住院和门诊报销比例不断提高,特殊困难群众个人缴费部分全额由地方财政解决。

健全农业支持保护政策,完善农机购置等补贴措施,执行小麦、稻谷最低价保护,加大对小农户、纯农户的补贴力度。完善耕地地力保护补贴、粮油生产补贴等直补办法,健全生态公益林补偿、林业贷款贴息政策。稳步扩大农业保险保费补贴范围,提高保费补贴比例。完善扶贫兜底政策,增加低收入农户收入。公共财政更大力度向"三农"倾斜,提高土地出让收入用于农业农村的投入比例,土地指标交易收益通过支出预算主要用于乡村振兴。落实农村集体产权制度改革免征契税、印花税的政策,支持实体经济发展,为发展农村经济、增加农民收入创造更好的条件。

第二节　持续提高农民生活质量

一、农村居民收入持续增加

浙江坚持把增加农民收入作为"三农"工作的中心任务,作为缩小社会群体收入差距、全面建成小康社会的有力举措,加快转变增收方式,不断拓宽增收渠道,着力挖掘增收潜力,实现农民收入持续普遍较快增长。2018年,全省农村常住居民人均可支配收入达27302元,连续34年位居全国各省(区)第一;城乡居民收入比为2.036∶1,是全国各省(区)中最低的。

改革开放第一个十年里,农村家庭联产承包责任制的全面实施、农业多种经营和农村商品经济的快速发展、乡镇企业的异军突起,成为浙江农民收入迅速增长的主要因素。1978 年,全省农民人均纯收入只有 165 元,1988 年提高到 902 元,年均增长 18.5%;其中 1985 年,浙江农民人均收入达到 549 元,首次居全国各省(区)第一位。到第二个十年,国家把改革重点转向城市,农业农村经济发展速度放缓,农民收入增速也相应出现下滑。1989—1999 年,浙江农民收入年均增幅为 5.2%,这 10 年成为改革开放 40 多年中农民收入增幅最小的时期,城乡收入差距也呈扩大趋势。

进入 21 世纪的头十年,浙江大力实施统筹城乡发展战略,加快发展民营经济,两度出台促进农民增收的综合性政策,大批农民离土离乡转移到城镇就业,劳动效率大幅提升,工资收入、劳务报酬逐年提高,农民收入增长进入了持续时间长、年均增幅大的黄金十年。2000 年,全省农民人均收入为 4254 元,到 2010 年已增加到 11303 元,年均增幅达到 10.3%。这一时期,国民经济持续较快发展带来的发展红利,也推动了城镇居民收入的快速提高,城乡居民收入比总体上呈先扩大、后缩小的"抛物线"形。2004 年,全省城乡居民收入比从上年的 2.43∶1 缩小到 2.39∶1,这是 1995 年之后出现的首次缩小,标志着浙江城乡居民收入差距扩大的趋势开始出现转机,进入相持、波动和趋向缩小的阶段。

党的十八大以来,我国成功应对国际金融危机的严重冲击,开创了中国发展的新时代,浙江经济同中国经济一道,从高速发展走向高质量发展。这一时期,浙江农民收入增幅呈"U"形发展态势,从 2011 年的高点 15.6% 下降到 2016 年的低点 8.2%,之后回升至 2018 年的 9.4%。其间,城乡居民收入比持续缩小,从 2011 年的 2.37：1 逐年缩小至 2018 年的 2.036：1。

40 多年来，浙江农民收入持续较快增长、城乡居民收入差距相对均衡，与浙江领先推进农村改革发展成果长期累积、农民收入持续增长机制基本形成密不可分。浙江走的是一条以农民为主体的工业化、城镇化道路，逐渐形成了以能人创业为先导，能人创业带动农民就业、农民就业促进农业劳动生产率提高的共创共富持续增收机制，最终绘就先创带后创以推动全民创业、先富带后富以实现共同致富的生动图景。

二、农村居民收入差距不断缩小

从浙江省域来看，农村居民收入总体上呈现北高南低、东高西低的格局，但区域间的差距总体较小，近年来相对差距又有进一步的缩小。2018 年，11 个设区市中，农民收入最高的嘉兴市（34279元）和最低的丽水市（19922 元）的比值为 1.72，比 2013 年的 1.84缩小 0.12，比 2010 年的 2.20 缩小 0.48，区域间农民收入差距呈逐年缩小态势。差距的缩小，主要得益于改革开放以后特别是 21世纪以来浙江实施的区域协调发展战略。

从 1986 年开始，浙江就以减缓区域性绝对贫困为目标，大力推进区域扶贫开发工作。从 1994 年起，以消除贫困县绝对贫困为目标，启动实施"国家八七扶贫攻坚计划"，以文成、泰顺、永嘉、云和、景宁、青田、磐安、武义 8 个贫困县为对象，深化农业开发，推进下山脱贫，实施异地发展，加快脱贫步伐。至 1997 年，8 个贫困县提前实现脱贫目标。在此基础上，浙江进一步加大区域统筹力度，相继实施"百乡扶贫攻坚计划""欠发达乡镇奔小康工程""重点欠发达县特别扶持计划"等，大力推进区域协调发展。2015 年，淳安等 26 个欠发达县实现集体"摘帽"。同时，按照摘帽不摘责任、摘帽不摘政策、摘帽不摘帮扶、摘帽不摘监管的要求,省委、省政府专门出台《关于推进淳安等 26 县加快发展的若干意见》。

如果把农村居民以收入为标准分为五等份,低收入户、中间偏下收入户、中间收入户、中间编上收入户、高收入户各占 20％,那么高收入户与低收入户的收入倍差能较客观地反映群体内的贫富差距,这与基尼系数的道理是类似的。2015 年,浙江省两者的倍差是6.04,比 2013 年缩小 0.47,比全国的 8.43 低 2.39。这主要缘于浙江多年来坚持以提高低收入农户自我发展能力和收入水平为核心,以提高发展技能、改善发展条件、优化发展服务为手段,锁定扶贫对象,加大扶持力度,创新扶持方式,稳步提高扶贫开发的精准性、有效性、持续性。一方面,分析致贫原因、农户需求、当地实际,通过产业帮扶一批、培训就业一批、异地搬迁一批、金融服务一批、低保兜底一批等措施,对症下药、精准施策;另一方面,充分发挥浙江民营经济发达、华人华侨较多等优势,先富带后富,动员全社会参与,拓展扶贫领域,丰富扶贫形式,形成了跨地区、跨部门、跨单位、全社会共同参与的多元主体扶贫模式,实现了扶贫开发由单打独斗到合力推进转变。实施“一村一计一部门”和“一户一策一干部”结对帮扶制度,做到分类指导、分户决策、帮扶到户、责任到人,确保户户有结对、人人有门路。

三、农民生活品质稳步提升

进入 21 世纪以来,浙江农村居民人均生活消费支出以超过10％的年均增速逐年提高。2018 年,浙江农村居民人均生活消费支出达 19707 元,比全国平均水平高 7583 元,列各省(区)第一;城乡人均生活消费支出比缩小至 1.76：1。

农村居民消费升级步伐不断加快。2018 年,浙江农村居民的八大类消费支出呈"七增一降"态势,其中,生活用品及服务、医疗保健、其他用品和服务三类支出增速位列前三,分别增长 25.1%、18.7%、16.9%。服务性消费支出快速增长,耐用品升级换代、个性消费、网络消费渐成时尚,跟团旅游、在外饮食等消费日渐兴盛。根据浙江省第三次农业普查数据,全省 99.6% 的农户拥有自己的住房。其中,拥有 2 处及以上住房的,占 18.4%;拥有商品房的,占 14.4%。平均每百户农户拥有小汽车 47.5 辆,摩托车、电瓶车 113.0 辆,淋浴热水器 95.7 台,空调 134.1 台,电冰箱 104.7 台,彩色电视机 172.1 台,电脑 64.9 台,手机 260.3 部。

城乡一体的社会保障持续推进。2018 年,全省户籍法定人员基本养老保险参保率达 92%,城乡居民基本养老保险代缴范围从低保对象、特困人员扩大至持证残疾人。全省户籍法定人员基本医疗保险参保率达 98.6%,城乡居民基本医疗保险财政补助标准提高到每人每年 510 元,省级大病保险年筹资标准提高至每人 40 元,政策范围内住院报销比例达 70%。在全国率先实行县(市、区)城乡低保标准一体化,全省平均标准为每人每月 771 元,最低的县也超过 600 元。

农村社会事业发展水平显著提升。根据浙江省第三次农业普查数据,95.9% 的乡镇有幼儿园、托儿所,95.8% 的乡镇有小学,97.9% 的乡镇有图书馆、文化站,23.2% 的乡镇有剧场、影剧院,32.1% 的乡镇有体育场馆,86.2% 的乡镇有公园及休闲健身广场。深入实施城市医院下沉和医学人才下沉、推进县域医疗服务能力提升和群众满意率提升的"双下沉、两提升"工作,持续推进医疗联合体建设,实现三级医院参与医联体建设全覆盖、医联体对县级医院辐射全覆盖、县级医疗资源对乡镇卫生院全覆盖。

第三节 山海协作推动区域协调发展

一、山海协作的发展历程

改革开放以来,浙江经济总体呈快速发展之势,但区域发展不协调、群体发展不均衡现象依然存在,成为高水平全面建成小康社会、实现共同富裕必须要跨越的一个坎。为加快欠发达地区发展,2003 年,时任浙江省委书记习近平亲自谋划部署"山海协作工程",全省接力推进这项德政工程、民心工程、共赢工程。山海协作工程是一种形象化的提法,"山"主要指以浙西南山区为主的欠发达地区,"海"主要指沿海发达地区和经济发达的县(市、区)。2003 年 7 月,习近平同志在省委十一届四次全会上首次系统提出"八八战略",明确要求进一步发挥浙江的山海资源优势,大力发展海洋经济,推动欠发达地区跨越式发展,努力使海洋经济和欠发达地区的发展成为浙江省经济新的增长点。同年 12 月,习近平同志强调把全面实施山海协作工程作为促进区域协调发展有效载体来抓、作为"八八战略"的重要内容来推进。浙江出台《关于全面实施"山海协作工程"的若干意见》,对形成推动机制、建立考核体系、完善激励政策、构筑合作平台、营造协作氛围提出明确要求。提出通过联合与协作,在欠发达地区逐步形成浙江省支柱产业的配套基地,扩散产业的协作基地,科技成果的应用基地,农副产品、新型建材、劳动力的供应基地和旅游、休闲、度假基地。

2009 年 5 月,浙江出台《关于实施新一轮山海协作工程的若干意见》,进一步拓展山海协作工程的领域和内涵,优化扶持政策,创新帮扶载体,着力在基本公共服务和低收入群众增收上加快推进欠发达地区跨越发展。2012 年 8 月,出台《关于推进山海协作产业园建设的意见》,确定 9 对县(市、区)结对共建山海协作产业园,促进生产要素在地区间的合理流动,实现资源的有效整合和配置,既有利于发达地区"腾笼换鸟"、拓展发展空间、加快经济转型升级,又有利于欠发达地区培育特色优势产业、提升内生发展动力。对企业来说,产业合作开辟了新的发展空间;对欠发达地区来说,新项目增添了经济发展的新动力。

2017 年 6 月,浙江省第十四次党代会作出"充分发挥山海并利优势,着力打造山海协作工程升级版"的战略部署。2018 年,省委、省政府出台《关于深入实施山海协作工程促进区域协调发展的若干意见》,全力打造山海协作工程升级版。目标到 2022 年,在浙西南山区高标准建设一批互联互通基础设施项目,高水平建设一批绿色产业发展平台和项目,高质量建设一批人才、科技、社会事业和群众增收合作项目,浙西南山区绿色发展水平和群众增收能力明显提高,区域协调发展新格局基本形成。

二、山海协作的主要特点

山海协作工程,不是简单地推动欠发达地区去复制发达地区走过的传统工业化道路,而是把合作重点放在优化产业结构和促进经济增长方式转变上,放在推动体制创新、技术创新和管理创新上,放在提高劳动力素质上,放在资源集约利用和改善生态环境质量上。浙江坚持硬件与软件共同提升、山区与沿海优势共同发挥、造血与输血共同增进、政府与市场力量共同加强,通过政府鼓励、引导和推动,发挥市场的主体作用,促使发达地区企业和欠发达地区开展优势互补的经济合作,促使省直有关部门和社会各界从科技、教育、卫生等方面帮扶、支持欠发达地区。山海协作工程以项目合作为中心,以产业梯度转移和要素合理配置为主线,通过发达地区产业向欠发达地区合理转移、欠发达地区劳动力向发达地区有序流动,激发欠发达地区经济的活力,推动欠发达地区经济加快发展、人民生活水平提高。

加大统筹力度。省委常委会每年专题研究山海协作工程实施情况,每年召开全省山海协作工程推进会,在财政投入、干部互派等方面加大统筹力度,努力把协作的强度提上去,把协作的效果增起来。省山海协作领导小组相关成员单位牵头建立 10 个专题合作组,明确各组的工作内容和责任分工,加强对各地和相关部门工作的指导,合力推进工程实施。出台山海协作考核办法、产业园建设管理办法和资金管理办法等,建立山海协作项目管理平台,健全工作体系。全省有 43 个县(市、区)与 26 个加快发展县结对合作,并在县与县结对的基础上,积极拓展村镇、村企结对帮扶。

创新协作平台。重点谋划建设山海协作产业园、"飞地"园区、生态旅游文化产业园等产业协作平台。在结对县(市、区)设立山海协作产业园,结对双方共同出资,省财政设立产业园专项资金给予补助,双方互派干部,共同管理,合作开发产业园。鼓励 26 个加快发展县在结对市、县建立人才、科技和产业孵化"飞地",并对建设成效明显的"飞地"园区予以用地政策支持。依托山区良好的自然生态旅游资源和历史人文景观,引进沿海地区的资本和管理运营模式,按照"一园多点"开发模式,打造各具特色、景区标准的生态旅游文化产业园。全省 26 个加快发展县全部建有协作发展平台,共有各类山海协作共建平台 46 个。

兴建基础设施。省委、省政府坚持把补齐基础设施短板作为推进山海协作工程的一项基础工作,加大交通、通信、能源、水利、环保等基础设施投入。加快衢州、丽水等地对外高铁通道和内部区域交通网建设,构建山区绿色能源网,完善水利等基础设施,加快形成区域一体化发展新格局。

丰富合作内涵。与沿海发达地区相比,山区的技术、人才等高端要素存在明显短板,教育、医疗等公共服务相对滞后。浙江通过打造山海协作升级版,围绕实施富民惠民安民行动计划,高质量建设一批社会事业和民生合作项目,提升山区群众的获得感。促进省级优质医疗资源对 26 个县的全覆盖,共享优质医疗资源。统筹优质教育资源尽量向山区县倾斜,开展校际结对、联合办学、互派教师、共建职业技能实训基地等工作。积极利用东部沿海地区大型展会、营销网络和互联网平台开展产销对接,帮助浙西南山区绿色农产品提高市场竞争力,带动山区群众增收。

三、山海协作的显著成效

山海协作工程突破了长期以来以"输血帮扶"为主的传统扶贫模式,探索建立了市场经济条件下以对口"造血帮扶"为主的新模式,有效推动了欠发达地区的跨越式发展,也促进了发达地区的产业结构优化和经济转型升级。2017 年与 2002 年相比,26 个山区县(市、区)地区生产总值由 850 亿元增至 5151 亿元,人均生产总值从 8012 元增至 53492 元,占全省人均生产总值的比例从 47.6% 提高到 58.1%。

自山海协作工程开展以来,到 2018 年底,浙江累计实施特色产业合作项目 10959 个,到位资金超过 5000 亿元;实施群众增收、新农村和社会事业项目 2000 多个。首批建设 9 个省级山海协作产业园,共投入资金 316 亿元,开发土地面积 44.89 平方千米,累计引进产业项目 561 个,实现年工业总产值超过 500 亿元,税收收入突破 10 亿元,带动当地就业 1.4 万人。如磐安县在金华市区创设"飞地"——金磐扶贫经济开发区,入园企业年均对磐安县税收的贡献度超过 1/3。庆元县高山风能电站、缙云县抽水蓄能电站,立足"山"的绿色资源,利用发达地区带来的资金和技术,将深山里的资源禀赋变成一个个"绿色宝藏"。15 家省级三甲医院分别和 26 县的医院开展合作办医。省内 1500 所中小学开展校际结对,8 所省属高校与衢州学院、丽水学院开展结对合作。

通过山海协作,浙西南山区提高了绿色发展能力和群众增收能力,进一步缩小了与浙东北沿海地区的基础设施差距、居民收入差距和公共服务差距。随着山海协作工程的持续推进,沿海地区与山区积极开展全方位、多层次的交流与合作,内涵不断深化、平台不断扩大、载体不断丰富、机制不断完善,走出了一条具有浙江特点的"造血帮扶"、双向互动、合作共赢的区域协调发展之路。在新时代新起点上,浙江正从更高的站位、全新的视野、全局的战略理解山海协作,大力打造山海协作工程升级版,进一步推动区域协调发展。

第四节　全面小康路上一个也不能少

一、实施奔小康工程

1978 年,浙江农村贫困发生率比全国平均水平高出 5.4 个百分点。一方面是山海并利、历史悠久、山川秀丽,另一方面则是空间狭小、资源不足、人多地少,"七山一水两分田"的资源禀赋使浙江一直面临着巨大的发展压力和艰难的扶贫任务。穷则思变,浙江农民在改革开放政策的激励下,发展多种经营和乡镇企业,围绕各种日常生活用品的生产作坊、私营企业、流动商贩呈现迅猛增长态势。许多乡镇经济快速发展,数百万农民摆脱贫困,一部分人快速致富。1997 年,浙江成为全国首个消除贫困县的省份。2002 年,浙江又成为全国第一个没有贫困乡镇的省份。

习近平同志到浙江工作后不久,就到丽水、衢州等地进行专题调研,把实施"欠发达乡镇奔小康工程"作为推进欠发达地区跨越式发展的重要组成部分。2006 年,他要求进一步加大"山海协作"、"欠发达乡镇奔小康"和"百亿帮扶致富"等工程的实施力度,着力形成区域间互动发展、互利共赢的格局。习近平同志从浙江实际出发,进一步系统提出和探索实践了欠发达地区摆脱贫困的路径:"破穷障",改善欠发达地区发展环境,拉近与中心城市和发达地区的距离,从根本上改变群众生产生活条件;"改穷业",充分发挥欠发达地区的生态环境和山地等资源优势,积极推进产业结构调整,做大做精绿色富民产业;"挪穷窝",采取市场化机制与政府引导相结合的办法,引导库区和山区农民向平原发达地区和城镇迁移集聚,因地制宜推进生态移民和城镇化;"挖穷根",把大力加强教育培训作为脱贫致富的根本举措,率先在欠发达地区实施免费中专职业教育,为当地人创造平等发展的条件。

浙江通过实施"欠发达乡镇奔小康工程",深化产业开发,加大下山搬迁力度,实行社会救助,减缓相对贫困。浙江 2001 年农民人均纯收入低于全国平均水平的 361 个欠发达乡镇,至 2007 年农民人均纯收入达 4500 元,80%以上的欠发达乡镇农民人均纯收入超过全国平均水平。

2008 年,浙江以全省 2007 年家庭人均纯收入低于 2500 元的低收入农户为扶贫对象,实施"低收入农户奔小康工程",深化产业开发,加大异地搬迁力度,覆盖公共服务,促进其加快发展。至2012年,全省低收入农户人均纯收入达 6260 元,79.4％的低收入农户(低保农户除外)家庭人均纯收入超过 4000 元。

浙江扶贫工作实现了由消除绝对贫困到减缓相对贫困的跨越,由减缓结构性贫困到减缓区域性贫困与阶层性贫困并举的跨越,提前实现了由温饱向小康的迈进。

二、实现更高水平的全面小康

党的十八大以来,浙江坚定不移贯彻落实习近平总书记提出的"干在实处永无止境,走在前列要谋新篇,勇立潮头方显担当"新期望和中央扶贫开发战略,坚持把扶贫开发融入工业化、信息化、城镇化、农业现代化进程,坚持欠发达地区加快发展与低收入农户加快增收并重,推动形成专项扶贫、行业扶贫、社会扶贫相结合的"三位一体"大扶贫格局,确定了从解决扶贫对象的基本生活保障向实现全面小康转变的目标取向,走出了一条让农民群众快速脱贫致富奔小康、富有浙江特色的扶贫开发道路,成为全国省(区)农民收入最高、城乡居民收入差距最小、区域发展差距最小的省份之一。

2013 年初,浙江以 2010 年家庭人均纯收入低于 4600 元的低收入农户和低收入农户比重较高或数量较多的扶贫重点村为扶持对象,实施"低收入农户收入倍增计划"。2015 年,浙江全面消除家庭人均收入低于 4600 元的贫困现象,26 个原欠发达县实现集体"摘帽"。2016 年,全省低收入农户人均可支配收入突破万元大关;2017 年,全省低收入农户人均可支配收入达 11775 元,圆满完成收入倍增计划的目标任务。

2018 年,按照以当地农村低保标准的 1.5 倍确定低收入困难家庭的认定标准,全省完成新一轮低收入农户认定工作,实行最低生活保障标准城乡同标,达到 7200 元。基于全省扶贫开发工作已全面进入减缓相对贫困的新阶段,浙江制定《低收入农户高水平全面小康计划(2018—2022 年)》,明确新阶段扶贫开发的指导思想、实施主体、基本原则、任务目标等,目标是低收入农户收入年增幅保持在 10% 以上,到 2022 年,低收入农户最低收入水平达到年人均 9000 元以上,有劳动力的低收入农户年人均收入水平达到18000 元,重点帮扶村集体经济年收入达到 15 万元以上,确保全面小康不漏一村、不落一人,让高水平全面小康成果惠及全省人民。

三、全力打开"两山"转化通道

针对欠发达地区大多是生态良好山区的实际情况,浙江坚持以"绿水青山就是金山银山"理念为引领,因地制宜推进绿水青山向美丽经济的转化。

挖掘资源优势,深耕特色产业。立足气候多宜、地貌多样、物种丰富的资源禀赋,做强茶叶、果品、竹木、高山蔬菜、食用菌、中药材等适宜山区种植的特色产业,培育农文旅结合的休闲观光、森林康养等新兴产业,构筑山区发展新优势。实施特色优势农产品区域布局规划,加大对欠发达山区发展"三品一标"(无公害农产品、绿色食品、有机农产品和农产品地理标志)绿色农产品的扶持力度,培育具有山区特色的产业群和产业带,以布局区域化、产业特色化、产品品牌化推进产业加快发展。

培育新型主体,做深经营服务。以主体的家庭性、生产的专业性、规模的适度性、经营的高效性为导向,提高农民组织化和经营产业化水平。加强发达地区专业大户、龙头企业和合作组织对欠发达山区的助推带动,不断拓展服务内容、提升服务效能。多渠道举办招商引资和项目对接会,引进工商资本、民间资本、外资,参与投资开发经营农业项目。健全和完善服务体系,在信息分享、技术普及、产业服务、产品销售等方面,加强服务的专业性和精准度。

拓展多种功能,注重融合发展。树立创新、协调、绿色、开放、共享新发展理念,通过农业生态化、生态产业化、产业人文化的开发路径,使农业各种功能相互促进、相得益彰,促进农村一二三产业融合发展。统筹推进浙江西南部生态休闲产业带建设,支持山区依托资源条件,加快发展观光农业、创意农业、休闲农业、乡村旅游、农事体验。综合运用互联网、大数据和众筹众创等新技术、新机制,提高对特色农业资源和优势农产品开发利用的广度与深度,打造产业发展的新增长点,促进农业生产、生活、生态及文化多种功能相融合,拓宽欠发达地区产业发展路子。遵循集约发展原则,推进适度规模经营,促进农民就业,增加农民收入。加大优质产品、特色产品及加工产品开发力度,不断提高劳动生产率和土地产出率。发挥农业在净化空气、涵养水源、调节气候等方面的功效,把休闲旅游和乡村文化融合于乡村特色产业发展之中,加快美丽生态向美丽经济转变。

强化人才支撑,鼓励创业创新。鼓励和支持工商资本加大对山区的帮扶,与农民形成紧密、稳定的利益联结机制。建立健全农业科技成果推广机制,支持农业科研人员携带科研项目、成果、技术到欠发达地区从事科技研究、科技开发、科技服务工作,培育"用得上、留得住、养得起"的科技能手。发挥市场在农村土地和资产资源二次配置中的作用,鼓励多种方式盘活利用山区闲置宅基地和闲置农房。支持各类人才"上山下乡",推进科技进山村、资金进山村和青年回山村、乡贤回山村,吸引更多有志青年投身山区创业创新。完善农民培训方式,加强实用技术培训,提高农民创业致富能力。

缙云是一个被列为浙江加快发展县的山区县,缙云烧饼是缙云县依托农耕文化而发展起来的一种传统小吃。缙云县将发展烧饼产业列为地方党委、政府的重点工作,将其打造成了对外形象的"新名片"、富民增收的"新产业"。截至 2018 年底,缙云县累计培训烧饼师傅 1 万多人,其中 5 人获得"缙云烧饼大师"称号,55 人获得"高级缙云烧饼师傅"称号,131 人获得"中级缙云烧饼师傅"称号。缙云烧饼 2015 年获得"中华名小吃"荣誉称号,2016 年被评为中国旅游金牌小吃、浙江农博十大区域公共品牌农产品,2017 年被列入第五批浙江省非物质文化遗产代表性项目名录。到 2018 年底,缙云烧饼在全国 20 多个省(区、市)开出 485 家品牌授权示范店,并走出国门,拓展到澳大利亚、意大利、加拿大、阿联酋、柬埔寨、西班牙等国家。2018 年全年产值达 18 亿元,从业人员达 1.7 万人。

◆◆ **思考题**

1. 如何统筹提高农民的经营性、工资性、财产性、转移性四个方面的收入,促进农民收入持续增长,真正实现农民的"钱袋子"鼓起来?

2. 要实现城乡居民收入差距不断缩小应当采取哪些举措?

3. 浙江实施山海协作工程推动区域协调发展的生动实践对加快欠发达地区发展有哪些启示?

4. 如何有效打开"两山"转化通道,推进绿水青山向美丽经济转化?

第八章　农村党的建设

◆◆ **内容提要**

做好"三农"工作,关键在党。加强党的建设,是推动"三农"发展的根本保证。必须切实加强党对"三农"工作的全面领导,落实党管农村工作的各项要求,坚持农业农村优先发展,加快补上全面小康"三农"领域突出的短板。强化农村基层组织建设,发挥好基层党组织的战斗堡垒作用和其他组织的积极作用,选准配好农村指导员,形成推进"三农"工作和乡村振兴的强大合力。

习近平总书记强调,办好农村的事情,实现乡村振兴,关键在党,必须提高党把方向、谋大局、定政策、促改革的能力和定力,确保党始终总揽全局、协调各方,提高新时代党全面领导农村工作的能力和水平。实施乡村振兴战略,重在行动,需要充分发挥我们党领导农村工作的政治优势,牢固树立农业农村优先发展的政策导向,健全城乡融合发展体制机制和政策体系,完善领导体制和工作机制,形成推进乡村振兴的强大合力。

在浙江工作期间,习近平同志大力倡导"三个走遍"要求,即在任期内省委书记走遍县(市、区),市委书记走遍乡镇(街道),县委书记走遍行政村。抓基层、打基础,是我们党治国理政、管党治党的固本之策,也是加强农村党的建设、保障乡村振兴战略实施的关键之举。2003年起,习近平同志在浙江部署实施农村基层组织"先锋工程"、选派农村工作指导员和乡村科技特派员、加强村级组织活动场所建设、整顿后进党组织等工作,把淳安县下姜村作为自己的基层联系点,到武义县后陈村调研并推广村务监督委员会制度,等等。他要求各级党委必须把工作的着力点放在基层,使我们党的力量在基层扎下深深的根,强调要以强核心、强素质、强管理、强服务、强实力为主要内容,全面提升乡镇党委和村级组织建设水平,深化"三级联创",推动形成县、乡、村三级联动,相互衔接、相互促进、环环相扣、整体提高的农村党建工作格局。

第一节 落实党管农村工作要求

一、把乡村振兴作为"一把手工程"

要推动乡村振兴战略落地见效,必须坚持党管农村工作,健全各级书记抓乡村振兴的领导体制和工作机制,凝聚全党全社会共同推进乡村振兴的强大力量。浙江省委坚持党管农村工作这一好传统,不断加强和改善党对"三农"工作的领导,持续奏响重农惠农的最强音。省委主要领导持续深入农村调查研究,经常出席农业农村方面的重要会议和活动,高频次研究"三农"工作。

党的十九大提出实施乡村振兴战略以来,浙江省委、省政府高度重视,将其摆在优先位置,高起点谋划、高站位部署、高效率推进。多次召开全省性会议进行研究部署,建立由省委书记、省长任组长,省直有关单位主要负责人为成员的省乡村振兴领导小组,同步建立议事规则、年度工作报告、实绩考核办法等制度。各成员单位按职责加强工作指导,强化要素支持,形成工作合力。各市、县全部建立乡村振兴领导机构,落实推进乡村振兴的领导责任制,形成省负总责、市县抓落实、乡村组织实施的工作机制。党政"一把手"是第一责任人,县委书记是乡村振兴的"一线总指挥"。加强农业农村工作力量建设,省、市、县三级做好机构改革、部门设置和人员配置工作,充分发挥决策参谋、统筹协调、政策指导、推动落实、督导检查等职能作用。

坚持以人民为中心,树立正确政绩观,完善农业农村工作落实机制。乡村振兴是全体农民的共同愿景和责任,必须充分调动和发挥好农民群众的主体积极性。浙江积极发挥政治优势,把党委、政府的意图转化为广大农民的自觉行动,通过制度建设、政策激励、教育引导,把发动群众、组织群众、引导群众贯穿乡村振兴全过程,激励农民办好自己的事。在指导农村工作时,坚持群众路线,一切从实际出发,因地制宜,分类指导,有序推进。深入开展"服务企业、服务群众、服务基层"活动,面对面了解农民群众、农业企业和农村基层的所需所求,实打实解决生产生活中的诉求和现实问题,将党和政府的好政策精准送达群众和企业身边,以实际行动推动乡村振兴各项部署落地生效。确定乡村振兴工作目标,量化具体任务要求,分解落实到各级各部门,压实责任,严督实考,使人人肩上有担子、件件工作有着落。对中央和省委的重点工作、重要文件、重要会议议定事项,及时组织检查督导,列出问题整改清单、责任清单、落实清单,明确时限,对号整改。在认真总结多年来好做法的基础上,实行市、县党政领导班子和领导干部推进乡村振兴战略实绩考核制度,并纳入党委巡视巡察、责任审计和工作报告的范围。

浙江坚持落实习近平同志倡导的"三个走遍"制度,同时要求乡镇(街道)党委书记在任期内走遍辖区的自然村和困难户,带动各级干部眼睛向下、转变作风,深入基层直接联系服务群众。在乡镇干部中开展"走村不漏户、户户见干部",乡镇干部每年要把辖区内所有农户走访一遍。在农村党员干部中实行"联系不漏户、党群心贴心",要求村干部、农村党员、村民小组长、村民代表普遍联系农户,做到"四必到、四必访",即有不满情绪必到、有突发事件必到、有矛盾纠纷必到、有喜事丧事必到,困难家庭必访、危重病人家庭必访、空巢老人及留守儿童家庭必访、信访户必访。全面推行"网格化管理、组团式服务",积极推行为民办事全程代理、民情日记、民情地图等多种为民服务方式,开展党员志愿服务,做细做实联系服务群众工作。

二、强化乡村振兴顶层设计

在建设社会主义新农村、推进乡村振兴的过程中,浙江坚持固本强基、党建引领,规划先行、因村施策,抓点带面、循序渐进,农民主体、共建共享。围绕推进乡村振兴的工作重点、政策举措、职责分工、督查考核等,突出顶层设计。制定《全面实施乡村振兴战略高水平推进农业农村现代化行动计划(2018—2022年)》《浙江省乡村振兴战略规划(2018—2022年)》,确立乡村全面振兴、农民共同富裕高标准实现和农业农村现代化高水平实现的总目标,明确路线图、时间表、任务书,提出了"五大行动""五万工程"和12项标志性工程等主抓手。

各部门编制乡村振兴专项规划或方案,形成了系统衔接、城乡融合、多规合一的规划体系。省乡村振兴领导小组成员单位围绕乡村产业振兴、人才振兴、文化振兴、生态振兴、组织振兴,梳理出台了50多个配套政策举措。省委组织部围绕强化农村基层党组织的领导核心作用,着力夯实乡村振兴组织基础和人才基础。省委宣传部突出完善农村文化礼堂建设推进、管理运行、内容供给、文化培育、队伍建设、激励保障等机制,出台《浙江省农村文化礼堂建设实施纲要(2018—2022年)》,切实加强乡村思想文化建设。省委政法委以完善自治、法治、德治"三治融合"的乡村治理体系为重点,会同省农业和农村工作领导小组办公室(简称省农办,现设在省农业农村厅)谋划开展善治示范村创建。省建设厅聚焦高水平推进农村人居环境提升,着力推进小城镇环境综合整治、美丽宜居小范村建设和农村公共厕所改造。省农业农村厅制定专门的意见,着力深化农业供给侧结构性改革。中国人民银行杭州中心支行注重对乡村振兴的金融支持,会同省农办印发《关于金融服务乡村振兴的指导意见》。

各地认真贯彻落实中央和省委的决策部署,谋划和实施乡村振兴战略思路清晰、目标精准、特色鲜明、措施扎实。杭州市以争创乡村振兴先行区和示范区为目标,开展产业转型、环境提升、协调发展、集体增收、和美乡风、乡村善治、改革创新、人才建设"八大行动"。温州市实施千家新型农业主体提升、万个农民合作社提质,千家农村文化礼堂建设、万个家庭移风易俗示范,千里公路提升、万户农民生态搬迁等"六千六万"工程。嘉兴市全面推动兴旺乡村、美丽乡村、文明乡村、和谐乡村、富裕乡村、活力乡村建设,深入实施产业提质、乡村靓化、村域善治、农民增收等行动。舟山市提出以建设"依托美丽资源、发展美丽经济、经营美丽海岛、共享美好生活"的"海上花园模式"为总抓手,努力打造乡村振兴的"海岛样板"。台州市以打造乡贤助农、资本下乡、信用惠农、育才聚智等八张"金名片"为统揽,实施乡村振兴行动计划。等等。

三、形成上下联动态势

乡村振兴是一项系统工程,需要各级协同配合、联动推进。浙江坚持中央统筹、省负总责、市县抓落实的工作机制,突出党政主要领导作为第一责任人的职责,切实加强对乡村振兴工作的领导。明确各设区市和省乡村振兴领导小组成员单位每年书面向省委、省政府报告乡村振兴战略实施情况,县(市、区)党委、政府向设区市党委、政府报告乡村振兴战略实施情况。省乡村振兴领导小组采取不同形式,督导各市、各成员单位工作,分析全省乡村振兴战略实施推进情况,在此基础上形成给中央的专题报告。各级党委、政府和各成员单位党委(党组)主要负责人亲自抓、负总责,切实抓好各项工作落实。

围绕乡村产业发展、生态宜居、农民增收、贫困帮扶、村级集体经济壮大、农村改革、公共服务、文明乡风、乡村治理、农村党建等,建立乡村振兴指标体系。建立省市县三级联动、部门协同、乡村落实的工作推进机制,开展指导服务、绩效评估等工作,形成乡村振兴工作体系。聚焦乡村产业"强"、乡村环境"美"、乡风文明"淳"、乡村治理"安"、农民增收"富",强化制度供给,制定配套政策,形成乡村振兴政策体系。制定五大类评价指标对农业农村现代化进展实行评估,建立乡村振兴评价体系。

2018年8月,浙江省委、省政府与农业农村部签署《共同建设乡村振兴示范省合作框架协议》,以省部共建、以省为主、试点先行、示范推广、整体推进为工作路径,在多规融合引领发展、高质量发展乡村产业、建设新时代美丽乡村、繁荣发展乡村文化、健全现代乡村治理体系、促进城乡融合发展、全面深化农村改革七个方面深度合作,全面实施乡村产业振兴、新时代美丽乡村建设、乡村文化兴盛、自治法治德治"三治结合"提升、富民惠民"五大行动",高水平打造农业农村现代化浙江样板。

市、县两级把中央、省委的"三农"工作要求与本地实际紧密结合起来,建立健全城乡融合发展、推进乡村振兴的体制机制和政策体系。乡镇党委积极打通乡村振兴的"最后一公里",把农业农村优先发展各项要求落到实处。村级党组织进一步发挥好战斗堡垒作用,咬定目标使劲干,充分调动农民群众的内在积极性、创造性,因地制宜做好各项工作。通过紧密互动,全省形成上下一盘棋、劲往一处使的乡村振兴联动态势。

第二节　加强基层党组织建设

一、整乡推进、整县提升

党的基层组织是党的全部工作和战斗力的基础,农村基层党组织是带领广大农民投身乡村振兴的主心骨。实施乡村振兴战略,关键在于把农村基层党组织建设成为积极宣传贯彻党的方针政策、团结带领农民群众共同奋力逐梦的坚强战斗堡垒。浙江省一以贯之抓好农村基层党建整体提升工作。

2015年,全国农村基层党建工作座谈会在浙江召开,中央组织部专门印发文件推广农村基层党建"浙江二十条":省委一届接着一届干、一年接着一年抓,对认准的事情不换频道、钉钉子抓落实;省、市、县、乡四级党委书记任期内"四个走遍",带动各级干部"走村不漏户、户户见干部";建立市、县、乡党委书记抓农村基层党建责任清单,充分发挥县委"一线指挥部"作用;选派干部驻村联户全覆盖;实行"两个20%"政策,稳定乡镇(街道)干部队伍;乡镇(街道）抓基层党建工作专门力量普遍达到3人以上；坚持对村党组织实行评星定级，每年按照不低于5%的比例倒排软弱落后村党组织进行集中整顿；在村"两委"换届选举中明确"五不能六不宜"，选准选好带头人；以不低于上年度所在乡镇农民人均纯收入两倍的标准确定村主职干部基本报酬；大力选树"千名好支书"，县级党委直接抓村"两委"干部集中培训；组织农村党员每月集中活动、每半年评议、每年评定不合格党员；每个乡镇（街道）建立党内关爱基金（资金），关心帮扶农村老党员和生活困难党员；全面推行村党组织主导的村务联席会议制度，实行"五议两公开"民主决策；全面建立村务监督委员会，促进村级事务公开、公平、公正；建立村级事务小微权力清单，规范村干部用权行为；实行村干部坐班值班和为民服务全程代理制度；村级组织运转经费实行财政兜底；大力扶持经济薄弱村发展集体经济；以用促建在全省所有村建立便民服务中心，使村级活动场所真正成为党群服务阵地；全面清理村级组织"机构牌子多、考核评比多、创建达标多"问题，为基层减负减压。

近年来，浙江立足新的更高起点，全面推进农村基层党建"整乡推进、整县提升"，高标准落实农村基层党建"浙江二十条"。分层分类落实举措，通过建强每个支部、抓好每个乡镇、提升每个县，推动基层党建全面进步、全面过硬。每年对党员进行先锋指数考评，推行"理想信念缺失、政治立场动摇、党性原则丧失、大局意识缺乏、宗旨观念淡薄、法制意识不强、组织纪律散漫、工作消极懈怠、道德行为不端、廉洁自律不够"党员管理"十条红线"，开展"党性体检、民主评议"，从严从实抓好党员管理监督。村级组织运转经费按每年不低于10万元实行财政兜底，村级活动场所平均面积达到430平方米。深化党组织"堡垒指数"管理，列出学习贯彻落实党的路线方针政策不力,基层党组织领导作用弱,党组织班子配备不齐,党组织书记能力素质差、不胜任现职,班子不团结、内耗严重,党组织自身建设不重视,推进"最多跑一次"改革等重点工作不力,宗族宗教宗派及黑恶势力干扰渗透,历史遗留问题多、社会治安问题严重,基层民主管理混乱,全面从严治党工作不力,党员人数不足 3 人的党支部等"十二条底线"标准,将凡是触碰底线的党组织一律列为后进,加强帮扶整转。

二、打造过硬农村"领头雁"

浙江高度重视农村基层干部队伍建设,大力实施农村"头雁工程",采取有力举措选拔一批政治强、能带富、善治理的基层组织带头人。

抓住换届契机,选好村级组织带头人。村级组织换届中,省委明确提出村干部"四过硬、五不能、六不宜"资格条件。"四过硬",即政治素质过硬,有规矩意识和责任担当,能认真贯彻执行党的方针政策,自觉与以习近平同志为核心的党中央保持高度一致,模范遵守国家法律法规;治理能力过硬,有带富能力和管理办法,懂经营、会管理,善于做群众工作,对推动"三改一拆""五水共治""四边三化""剿灭劣 V 类水"有实招,能团结带领党员群众共同致富;服务本领过硬,有奉献精神和公益热心,具有一定文化水平和较强服务能力,办事公道,热心为村(居)民服务;品行作风过硬,有公道之心和群众口碑,为人正派,廉洁自律,在群众中有较高的威信和较强的凝聚力。"五不能",即被判处刑罚或者刑满释放(或缓刑期满)未满五年的,涉黑涉恶受处理未满五年以及加入邪教组织的,受到党纪处分尚未超过所受纪律处分有关任职限制期限以及涉嫌严重违法违纪正在接受纪检、监察、公安、司法机关立案调查处理的,有拉票贿选或其他不正当竞争行为被查处未满五年的,丧失行为能力的这五种情况人员,不能确定为村(社区)组织成员的候选人(自荐人)。在村(社区)选举办法中明确,凡出现上述"五不能"情形人员当选的,当选无效。"六不宜",即对党委、政府中心工作不配合、不支持,有严重违法用地、违章建房行为拒不整改,以及近五年内有严重损害生态环境、违反计划生育政策多生育行为被查处的;近五年内有煽动群众闹事、扰乱公共秩序,带头非正常上访或怂恿他人非正常上访的,近三年内有因黄赌毒被行政拘留以上处分的;有恶意失信行为被法院纳入失信被执行人名单且至今未撤销的;有长期外出不履职,全年不能保证三分之二以上时间在村,干部考核不称职等辞职承诺情形的;近三年内先锋指数考评中曾被评为不合格党员的;拖欠集体公款长期不还,长期闹不团结等道德品行低劣、在群众中影响较坏的,不宜确定为村(社区)组织的候选人(自荐人)。在村(社区)选举办法中明确,凡属于上述"六不宜"情形人员当选的,应劝其辞职。

着力打造"千名好支书"群体。按照干事创业有思路、村务管理有规矩、服务群众有感情、带领队伍有办法、廉洁公道有口碑的"五有"要求,先后3批在全省推选宣传3000多名"好支书"。例如,致力于生态立村,带领干部群众推进土地适度规模经营,把面积不到2平方千米的千人小村打造成为践行"两山"理念、建设美丽乡村的全国样板村的宁波市奉化区滕头村党委书记傅企平;任职30多年,把一个集体经济薄弱、班子软弱涣散、村庄管理无序的落后村建成享有"创业乐园、生态花园、文化公园、人和家园"美誉的新农村建设示范村,实现从"能人治村"向"贤人治村"转变的绍兴市上虞区祝温村党总支书记杭兰英;等等。这一做法得到了中央领导的充分肯定,受到了干部群众的普遍点赞。

省里举办村社书记示范培训班,带动各级组织 20 余万名村社干部开展大培训。切实加强日常监督管理,建立村干部创业、竞职、辞职"三项承诺"制度,推行村干部底线管理。仙居县、东阳市等不少地方还探索了"歇职教育"等制度,让不称职的村干部暂时离开工作岗位,接受教育帮助,给不守规矩、不作为、乱作为的村干部念念"紧箍咒"。加大从优秀村干部中考录公务员、招聘事业编制人员和选拔乡镇党政领导班子成员的力度,明确规定面向优秀村干部招考公务员计划数不少于乡镇本级计划数的 15%。2016年至 2018 年,全省从村干部中选拔进入乡镇班子 120 人,有 1500多名村干部考上乡镇公务员或考入事业单位工作。

三、强化党的组织建设

习近平总书记在给浙江省余姚市横坎头村全体党员的回信中指出,办好农村的事情,实现乡村振兴,基层党组织必须坚强,党员队伍必须过硬。实施乡村振兴战略关键要有一支能打硬战、敢担当、善作为的基层党员队伍,通过他们一步一个脚印去抓落实、去组织农民群众,制度才能执行到最基层,政策才能落实到"最后一公里"。党的十九大报告指出,要培养造就一支懂农业、爱农村、爱农民的"三农"工作队伍。走好中国特色社会主义乡村振兴道路,基层干部都应该是这样的"三农"队伍中的一员。

针对一些地方农村大量青壮年外出,导致党员年龄老化、基层组织弱化和一些村干部思想观念滞后、带富能力不强等问题,浙江把选优配强带头人作为农村基层党建工作的重中之重,大力选拔政治强、能带富、善治理的优秀人才担任村干部,注重在农村致富带头人、乡土人才、新乡贤、务工经商返乡人员、退伍军人、优秀大学生村官等党员中优选村党组织书记。采取回归、外引、内育等多种手段,吸引高校毕业生、外出务工创业人员、机关企事业单位优秀党员干部到村任职,加大在优秀青年农民中发展党员的力度,不断加强农村基层党组织建设和做大村干部的基本盘。

创新符合农村发展趋势的党组织设置方式,理顺党组织隶属关系,扩大党在农村的组织覆盖面和工作覆盖面。按照地域相近、规模适度、活动便利原则,探索以龙头企业带建、村企联建等方式联合建立区域性党组织。加快推进在农民专业合作社、农业龙头企业、农村社会化服务组织、农创客集聚地、农民工聚居地等新领域、新组织、新业态的党建工作,及时调整优化合并村组、村改社区、跨村经济联合体的党组织设置和隶属关系,切实加强党组织对农村各类组织的领导。严格党内组织生活,全面落实"三会一课"、支部主题党日、组织生活会、民主评议党员等制度。加强农村党员教育管理,持续整顿软弱涣散村党组织,稳妥开展不合格党员处置工作,切实增强共产党员先锋模范作用和基层党组织活力。

四、发挥党组织战斗堡垒作用

浙江强化党对各类组织的统一领导。2005 年,制定出台《浙江省村级组织工作规则(试行)》,理顺村级组织关系,全面实行村党组织主导的村务联席会议制度,实施村级重大事项决策"五议两公开",即党员群众建议、村党组织提议、村务联席会议商议、党员大会审议、村民(代表)会议决议,表决结果公开、实施情况公开。

牢固确立村党组织的领导地位。明确规定通过法定程序将村党组织书记选为村民委员会主任和村级集体经济组织、合作经济组织负责人,村"两委"成员实行交叉任职,村务监督委员会主任一般由党员担任。村民委员会成员、村民代表中,党员应当占一定比例。2017 年村级组织换届后,村党组织书记与村民委员会主任"一肩挑"比例进一步提高;村党组织书记兼任村股份经济合作社董事长占 98％,切实强化了党组织对村级其他组织的统一领导和在各类事务中的管理核心地位。

积极发展基层协商民主。推行民情沟通日、民情恳谈会、民主听证会等做法,整合乡贤参事会、新农村建设促进会等各方力量,共同参与乡村治理。全面推广象山县"村民说事"制度,通过村民说事、村务会商、民事村办、村事民评,让村民自己"说事、议事、主事"。全面修订村规民约,把党委、政府倡导但法律法规没有明文规定的一些要求,用村民共同遵守行为规范的形式固定下来,成为村民的共同意志,实现村民自我管理、自我教育、自我服务。如在龙游县贺田村,以前盗砍盗伐山上林木的情况比较严重,该村村规民约规定,有盗伐行为的人要给村里每家每户送一斤猪肉,并出钱放一场电影。这样规定以后,多年来再没发生过盗伐集体林木的事件。

第三节　坚持农业农村优先发展

一、干部配备上优先考虑

浙江加强对"三农"工作干部队伍的培养、配备、管理、使用,树起"优秀干部到农业农村战线去、优秀干部从农业农村战场来"的用人导向,突出堪当乡村振兴重任的要求,及时选优配强治村兴村带头人队伍。对带头人能力素质偏弱、优秀人才大量外出的村,通过登门拜访、亲情联系、愿景介绍等形式,加大力度吸引外出人才回村任职兴业。全省村党组织书记中,有外出务工经商经历的达1.7万余名,占总数的65%以上。通过公开选拔、群众推优、组织推荐等方式,从农村致富能手、专业合作组织负责人、退役军人中,物色、培养村主职干部后备人选。如宁波市多渠道排摸发现优秀人才,确保每村培养储备不少于一名40周岁以下的村主职干部后备人选。

坚持"实干"要求,严格标准和程序,将懂党务、懂经济、善管理的干部优先配备到农村。对那些本村确实没有合适人选的村,按照"科技干部配产业村、经济干部配贫困村、政法干部配乱村、党政干部配难村"的原则,从县乡机关党员干部中择优精准选派。对宗族势力较强、内耗较多的村,重点选派沟通协调能力强、群众工作经验丰富的党员干部;对民主管理混乱、群众意见较大的村,重点选派熟悉村级组织运行、善于化解矛盾的党员干部;对集体经济发展缓慢、工作长期滞后的村,重点选派闯劲大干劲足、点子多思路活的党员干部。同时,在做好选调生村官考录使用工作的基础上,推动各地积极选配优秀大学毕业生进入村级班子,并指导有条件的地方探索采取公开招录方式,吸引大学生回村担任职业化村务工作者。

二、要素配置上优先保障

浙江注重把工业和农业、城市和乡村作为一个整体来统筹谋划,促进城乡在规划布局、要素配置、产业发展、公共服务、生态保护等方面相互融合和共同发展,探索城乡要素自由流动、优先满足乡村发展需要的政策创设,吸引社会资源向乡村倾斜。扎实做好农村土地承包经营权确权登记颁证工作,制定出台《关于完善农村土地所有权承包权经营权分置办法的实施意见》。加快推进房地一体的农村宅基地和房屋确权登记发证,到 2018 年底,全省符合条件的农户农房确权登记发证数已超过 420 万户,并在此基础上积极引导盘活利用农民闲置房屋。绍兴市实施"闲置农房激活计划",到 2018 年底已激活闲置农房 114 万平方米、土地和山林 1.4 万亩,新发展乡村旅游、运动健身、文化创意等项目 781 个,吸纳社会资本 22.6 亿元,带动农户就业 9300 余人,为村集体增收 4700 多万元,农民获得租金 6700 余万元。进一步优化农村各业各类用地空间布局,合理配置土地资源要素,完善乡村一二三产业融合发展用地分类管理办法,保障扶贫开发、公共服务、农民建房、易地搬迁等重点工作推进。

实施新型农业经营主体培育提升工程,引导农户与经营主体之间、主体与主体之间进行广泛的合作联合。推进科技进乡村、资金进乡村和青年回农村、乡贤回农村,掀起新时代"上山下乡"新热潮,推动优质资源要素流向农村,激发乡村发展活力。同济大学建筑与城市规划学院城市规划系主任杨贵庆教授 2012 年到台州市黄岩区西部山区后,带领一批师生在屿头乡沙滩村建立了美丽乡村规划教学实践基地,深入村庄、问计于民、现场设计,先后完成乌岩头村等一批古村落的设计修复工作,组建了全国首家乡村振兴学院,被当地群众称为"蹲守乡野的总规划师"。深入推进千万农民素质提升工程,实施百万农村实用人才培养计划、乡村振兴领军人才培养计划,切实加强农村管理、创业、服务等专业人才队伍建设,目标全省农村实用人才总量达到 110 万人以上。

鼓励工商资本参与乡村振兴产业发展,据调查统计,到 2018 年底,全省有近 7000 家企业参与乡村振兴,投资达 900 多亿元。金融机构加大涉农贷款投入,创新农村承包土地经营权抵押贷款、林权抵押贷款、村集体经济组织股权质押贷款等农村金融产品。截至 2018 年末,全省涉农贷款余额达 3.56 万亿元,其中农户贷款余额 1.3 万亿元。推进农村信用体系建设,至 2018 年底,累计为全省 1100 多万户农户建立信用档案,其中,评定信用农户 912 万户,占已建档农户数的 83%;评定信用村 8177 个、信用乡镇 367 个。

三、资金投入上优先提供

实施乡村振兴战略,必须解决钱从哪里来的问题。浙江把农业农村作为财政保障和预算安排的优先领域,在美丽乡村建设、农业产业发展、扶贫帮困、乡村治理等方面,做到财政投入与乡村振兴任务相适应。

铺好"灌溉网",突出资金保障。持续推进涉农资金统筹整合,重点用于乡村振兴项目建设。认真研究、对接中央各类支农政策,围绕农村环境综合整治、农业"两区"建设、农业综合开发等方面,做深做细做实项目库,尽最大可能争取政策红利。

挖好"引水渠",创新支农方式。以现代农业园区、特色小镇、产业集聚区建设等为突破口,积极撬动金融和社会资本投向农业农村。探索以基金、贴息、购买服务等方式,把财政资金投向农业农村发展的重点领域和关键环节。

筑好"蓄水池",突出支持重点。以农业供给侧结构性改革为主线,培育乡村发展新动能。财政资金重点助推"产业兴旺",大力发展高效生态现代农业,高水平推进农村产业融合发展。支持"生态宜居",省财政安排专项资金支持农村生活污水治理、农村生活垃圾资源化利用和历史文化村落保护。支持"乡风文明",安排农村文化礼堂奖补资金,加大对古建筑、古道、文化古迹、农村遗迹的保护力度,传承地域"活态文化"。支持"治理有效",全面保障村级组织正常运转和村干部报酬。支持"生活富裕",加大扶贫帮困投入,每年安排专项资金用于拓宽低收入农户和经济薄弱村收入来源,推进共同富裕。

把好"流量计",突出资金监管。科学衡量资金投入与建设成果的对应关系,把控好资金"流量",确保每一分钱都用在刀刃上。制定美丽乡村建设、现代农业生产发展、扶贫、消除集体经济薄弱村等专项资金管理办法,强化资金筹集、使用、评价、监督等管理。加强预算资金绩效评估,实行事前有预算、事中有监督、事后有评估的全程管理,确保资金投入发挥应有效益。强化责任追究,按照"谁负责、谁担责"的要求,在质量与效益上强化项目申报、审批、管理的责任,对损害群众利益、违反财经法纪的行为坚决"零容忍"。

四、公共服务上优先安排

浙江推进城乡基础设施互联互通、共建共享,创新农村基础设施和公共服务设施决策、投入、建设、运行管护机制,推动公共服务向农村延伸、社会事业向农村覆盖。

公共服务体制机制逐步完善。自 2008 年在全国率先提出基本公共服务均等化行动计划以来,浙江基本公共服务体系建设经历了从不完善到逐步完善、从不协调到逐步协调、从低水平逐步向中高位迈进的发展历程。2010 年,印发《浙江省基本公共服务体系"十二五"规划》,开展基本公共服务均等化实现度监测评价工作。2015 年,制定涉及 8 大领域、涵盖 114 项公共服务清单的"十三五"规划。2017 年,全省基本公共服务均等化实现度为 94.4%,地区间实现度差异逐步缩小。在基本公共服务体系逐步完善的同时,不断探索建立以标准化手段促进基本公共服务供给能力持续提升的长效机制。2017 年,颁布《浙江省基本公共服务标准体系建设方案(2017—2020 年)》,标志着全省基本公共服务标准体系基本建成,重点领域标准清单基本完成,浙江基本公共服务均等化跨入清单化、标准化、制度化阶段。

乡村民生事业全面发展。农村中小学全面实施家庭经济困难学生资助扩面等六大工程,提高农村幼儿园办园等级水平和义务教育学校标准化建设水平,促进基础教育均衡发展。深入实施卫生健康服务"双下沉、两提升",省级医院与市、县挂钩结对开展帮扶合作。率先实现城乡居民基本医保整合,建立大病保险制度,加快推进基本公共卫生服务均等化。农村社会保障从广覆盖向高质量提升,在全国率先建立覆盖城乡居民的社会养老保险制度。完善农村社会救助机制,城乡保障差距不断缩小,低保标准实现县级城乡同标。

农村基础设施短板加速补齐。围绕解决路畅不畅通、水干不干净、电压稳不稳、网速快不快等民生实事,突出重点、紧盯短板、逐项落实,推进基础设施城乡一体化。农村厕所由建造基本全覆盖加快向标准化改造转变,2018 年农村卫生厕所普及率达99.7%。农村生活垃圾由集中收集处理全覆盖加快向分类处理全面推开转变,超过 60%的行政村开展垃圾分类处理。农村生活污水处理由设施建设基本全覆盖加快向标准化运行维护转变,2.1 万个村的处理终端设施常态运行。实施"四好农村路"三年行动计划,实现农村公路由"村村通"加速迈向"路路美"。开展农村饮用水达标提标专项行动,稳步改善农村人口饮水条件。实现行政村4G 网络和通邮全覆盖、快递乡镇网点全覆盖。

第四节　实行农村工作指导员制度

一、精准选派农村工作指导员

2004 年,习近平同志亲自推动浙江实施农村工作指导员制度。浙江坚持一张蓝图绘到底,一以贯之抓落实,十多年来积极推进这项工作。

根据夯实基层基础和培养锻炼干部双重需要,每年从省、市、县、乡四级机关选派党员干部,确保"一村一名指导员"。把身体好、素质高、能力强、作风硬作为农村工作指导员选派的重要标准,并根据个人特长、经历和基层的需要,精准选派能够为派驻村解决实际问题的科处级干部、未经基层锻炼的后备干部和需要到基层锻炼的优秀年轻干部。2019 年省直单位新下派的 95 名指导员中,副处级干部 12 人,硕士生、博士生 38 人,平均年龄 40 岁。十多年来,各级农村工作指导员全面履行"村情民意调研员、政策法规宣传员、群众信访调解员、富民强村服务员、民主制度监督员、组织建设督导员"六项职责,在巩固党的执政基础、推进乡村振兴方面发挥了积极作用。

坚持"因村派人、因人选村",增强选派工作针对性。加强指导员个人能力与派驻村需要的对接,省派指导员只明确派驻县,具体派驻哪个乡镇、哪个村由当地根据部门特点、指导员特长和派驻地实际协商确定。如绍兴市实施"双向协商"制度,组织部门建立专业人才库,各乡镇调查上报需派驻村干部类型,在考虑选派干部和派驻村双方意愿的基础上,兼顾派出单位资源优势和选派干部特长确定选派方案。

改进服务方式,发挥农村工作指导员整体优势。根据派出单位的职能优势和指导员个人专长,探索开展组团服务,分层、分片组建专业工作组,形成跨村跨乡协作帮扶服务网络。如宁波市按农村工作指导员的专业特长,组建乡村旅游、产业发展、文化宣传等专业服务团队,构建"统分结合、相互协作、优势互补"的工作格局,实行协作帮扶模式,在集中攻坚热点难点工作上发挥积极的作用,受到群众好评。

二、在实干中发挥作用

做富民强村的"带头人"。驻村指导员帮助村"两委"找准发展定位,厘清发展思路,制定发展规划,积极争取项目和资金,为群众办实事好事,有力推动了农村经济社会发展和美丽乡村建设。如下派泰顺县罗阳镇门楼外村的曾翰清,下派一年对接推进了 13 个项目,完成 3 个自然村宅基地复垦,增加耕地面积,使村民直接增收 100 多万元、村集体经济增收 36 万元。下派丽水市莲都区董弄村的周建慧,把养蜂技术无偿传授给村民,致力于通过专业养蜂让村民腰包鼓起来,让村集体脱贫摘帽。

做化解矛盾的"老娘舅"。农村工作指导员直面矛盾、敢于担当,及时了解排查并妥善调处农村各类纠纷,依法依规、公平公正地做好群众工作,为促进农村和谐作出积极贡献。如浙江纺织服装职业技术学院的杨伟超,在担任宁海县黄坛镇榧坑村指导员的一年时间里,徒步走访了 14 个自然村的 425 户农户,详细记录村落现状和难题,走好联系服务群众的"最后一步路"。温州市委党校派驻苍南县龙港镇新兰村的指导员王其华,通过走访群众 100 多人次,找村干部逐个谈心,指导村"两委"修订宅基地分配方案,平息了涉及上百人的上访事件。

做基层党建的"指导员"。农村工作指导员协助乡镇党委选好、用好、管好村"两委"带头人,建立健全各项规章制度,规范议事和决策程序,注重发现和培养农村后备人才,整顿转化软弱涣散的村党组织,不断提高村党组织的凝聚力和战斗力。如省委组织部选人派驻的桐乡市崇福镇华光村、衢州市柯城区七里乡上村村曾经都是后进村,现在都变成了先进村。下派温州市瓯海区丽岙街道梓上村的汪惠峰,到任后从"组织振兴"入手,以"红色制度"增强组织战斗力,通过近两年的努力,帮助派驻村实现从"软弱落后村"到"示范样板村"的蝶变。

做为民服务的"跑小二"。农村工作指导员坚决贯彻省委、省政府"最多跑一次"改革决策部署,广泛听取群众意见建议,了解群众所需所盼,成为在基层推进"最多跑一次"改革的重要力量。农村工作指导员制度自实施以来,15 年中,全省各级农村工作指导员累计走访农户 1450 万户(次),撰写调研报告近 26 万篇,不少意见建议已转化为决策举措。同时,指导员们利用专业优势,对群众的咨询给予解答,帮忙上门代办,帮助群众申报代办各类生产生活事务 17.32 万次。

三、让指导员安心干事

健全落实派出单位领导挂点、干部驻村、单位支持的工作机制,确保指导员下得去、安心干、干得好。

在每批农村工作指导员到岗前,都专门举办任前培训,以提高指导员的履职能力。市、县两级经常组织各种涉农专业培训和外出学习考察,邀请领导、专家和优秀农村工作指导员讲解"三农"形势,传授专业知识和工作经验,增强指导员实践能力。各选派单位与指导员所驻村建立结对帮扶关系,落实部门帮扶责任。派出单位主要领导每年至少到联系村调研一次,分管领导定期到驻点村检查指导员工作。各单位积极支持农村工作指导员做好工作,发挥部门优势,为派驻村提供资金、技术、信息、人才等方面的支持,想方设法帮助解决实际困难。如湖州市设立专项资金,用于指导员派驻村集体经济发展、基础设施和公益事业建设等急需而又缺乏资金来源的项目,累计资助帮扶项目 500 余个。

在落实好有固定的住宿、用餐和办公场所的基础上,为全体指导员办理人身保险,派出单位和当地政府适时慰问,充分调动指导员的积极性。如台州市黄岩区、天台县、仙居县和三门县 4 个有省派指导员的区县,专门成立"指导员之家",既为指导员解决了工作与生活上的不便,又为他们创造了相互交流的平台。嘉兴市在严格落实农村工作指导员享受原单位待遇的基础上,合理确定下乡补贴和往返路费标准,并为每位市派农村工作指导员安排每年 3 万元的驻村工作专项经费,重点用于走访慰问困难群众、结对帮扶低收入农户增收和村办公经费补助等支出。

坚持把实施农村工作指导员制度作为统筹城乡发展和推进乡村振兴的一项重要举措,作为锻炼培养机关干部、加强农村基层工作力量、推动各种资源向基层集聚的一条重要途径,不断完善工作管理机制。建立属地管理和分级管理相结合的管理办法,省、市、县三级设立农村指导员工作办公室,负责加强对本级派出指导员的考核管理;乡镇党委负责做好对农村工作指导员的日常管理,严格落实考勤和请假制度;派出单位协助做好跟踪管理,经常了解指导员工作情况。农村工作指导员每年向所驻村村民代表、全体党员和村"两委"成员述职并接受满意度测评,评议结果作为考核的重要依据。宣传报道工作中涌现出来的先进典型和好的做法,营造全社会关心和支持农村指导员工作的良好环境。指导员年度考核为优秀的,列为本单位考核优秀档次,不占本单位年度评优名额。对高校、科研院所等事业单位下派的指导员,同等条件下在职称评审、岗位聘用中给予倾斜。15 年来,省委、省政府共表彰了 10 批 3000 余名省级优秀农村工作指导员。对表现优秀、符合条件的同志,各单位普遍在干部提任、职称评定等方面给予优先考虑。

第五节 发挥基层组织作用

一、发展农村集体经济组织

农村集体经济既是保证农村基层组织正常运转和农村公共产品有效提供的物质基础,也是完善家庭承包经营体制、强化社会化服务的重要保障。实践证明,工作搞得好的村,大多有着较强的村级集体经济实力为支撑。做好农村工作关键是有人干事、有钱办事、有章理事,发展村级集体经济不管是现在还是将来都很有必要。浙江高度重视村级集体经济发展,2000 年以来,先后出台多个政策性文件、多次召开会议专门部署,采取多种措施促进村级集体经济又好又快发展,在民营经济发达的地方探索出农村集体经济同步发展的路子。2017 年,全省村级集体经济总收入 423.5 亿元,是 2000 年的 77.2 亿元的 5.5 倍,年均增长 10.5%,有力地保障了基层组织的运转,为乡村振兴提供了物质条件。

针对村级集体经济组织发展中存在的问题,浙江早在 1992 年就制定出台了《浙江省村经济合作社组织条例》,明确了集体经济组织主体,设定了社员资格边界。2007 年又对《浙江省村经济合作社组织条例》进行修订,进一步强化集体经济组织法人地位,明晰成员资格,理顺村党组织领导下村经济合作社与村民委员会的关系,明确村经济合作社在农村集体资产经营管理中居于主体地位,依法代表全体社员行使集体财产所有权,享有独立进行经济活动的自主权。村经济合作社承担资源开发与利用、资产经营与管理、生产发展与服务、财务管理与分配的职能,可以向县级人民政府申领《浙江省村经济合作社证明书》,也可以按照《浙江省村经济合作社登记暂行办法》申请登记注册,取得法人营业执照。村经济合作社以其资产为限,对合作社债务承担有限责任。2008 年,在全省全面开展村经济合作社的换届选举工作。2011 年,进一步明确村经济合作社与村党组织、村民委员会、村务监督委员会等村级组织同步选举,支持和鼓励村党组织书记经选举担任村经济合作社社长。对不是本村社员而又担任本村党组织书记的,规定其有选举权和被选举权,但不享受本村社员的经济待遇,这样做较好地处理了村党组织书记担任村经济合作社社长的问题。

因村制宜采用多种方式,扶持发展村级集体经济。一是扶。规定村集体土地被征收后,可以将实际征收土地面积的一定比例作为村级留用地,用于自行开发或与其他单位合作开发,项目建设包括专业市场、饭店商场、标准厂房、民工公寓等,以促进集体经济发展。对村级组织运转有困难的村特别是那些薄弱村、"空壳村",由财政对其基本运转费用进行补助。将支农项目与发展村级集体经济挂钩,把村经济合作社申报建成后的项目运营所得作为村集体经济收入。二是拓。通过开发土地、水、矿产等特色自然资源,拉动村级集体经济发展。通过盘活闲置场地、集体货币资金,实现资产增值。围绕本地特色农业、土特产品等组建专业公司、加工企业及生产、加工、流通环节的中介组织,提供产前、产中、产后有偿服务,增加村集体收入。通过招商引资,积极开发旅游、基础设施建设等项目,拓展村级集体收入来源。三是限。规定村干部实行交叉任职,明确领取固定补贴的人数。严格执行村级组织公费订阅报刊限额制,严禁向村级组织以赞助、捐款等名义摊派费用。村级组织行政招待实行"零开支",商务招待实行限额制。以县为单位,统一规定村干部的交通费、食宿费、通信费、会议费等。四是管。切实加强农村集体资金、资产、资源管理,一个村只能以村经济合作社的名义设一个基本账户。实行村级会计委托代理制,在不改变村级集体资产的所有权、审批权、使用权、收益权的前提下,由村委托乡镇代理会计事务;有些村还委托乡镇代理出纳,村级不再设会计、出纳,只设一名报账员。推进民主理财和民主监督,实行村级财务逐笔公开,加强审计和责任追究。

2017年,浙江省组织实施消除集体经济薄弱村三年行动计划,开展"千企结千村、消灭薄弱村"专项行动,目标2020年前全面消除集体年收入在10万元以下(其中经营性收入在5万元以下)的薄弱村。明确到2017年底,全省经济发达县全面消除薄弱村,26个加快发展县消除县域内1/3的薄弱村,其他县消除1/2;到2018年底,26个加快发展县再消除1/3,其他县全面消除;到2019年底,全省所有县全面消除薄弱村。立足增强薄弱村自身"造血"功能,采用多种措施,突出项目为主,帮助薄弱村发展集体经济。加强结对帮扶,全省"千企结千村"活动共有4000余家企业结对帮扶4100多个薄弱村。如省供销社所属的兴合集团结对常山县球川镇的6个薄弱村,支持每村100万元作为股本,合作成立公司发展蓝莓产业。兴合集团提供优质种苗并收购全部蓝莓,使蓝莓种植成为当地村级集体经济的主要收入来源。一系列行动效果明显,

2017 年全年消除 5053 个薄弱村,2018 年新消除 1118 个薄弱村,2019 年再消除 749 个薄弱村,全面完成预期目标任务。

二、工会助推乡村治理

各级工会组织以自治、法治、德治"三治"联动为主线,探索参与乡村治理的有效途径。

加强基层工会建设,建立健全村(社区)工会工作各项规章制度,村(社区)工会联合会主席由村(社区)"两委"负责人兼任。发挥村(社区)工会联合会的优势和辖区内各单建工会的积极作用,着力提升村(社区)工会组织的影响力。整合各类资源,建设功能齐全、设施配套、能够适应职工精神文化娱乐需求的活动阵地。完善惠民帮扶网络,开展技能培训、联系就业岗位等服务,帮助解决村(社区)群众实际困难。

积极创新方法,通过联席会、职工座谈会等形式和在职工食堂、村民活动场所设置厂务公开民主管理专栏等途径,让大家及时了解和参与单位民主管理。重点加强村集体经济厂务公开民主管理工作,推行重大决策和经营管理事项向职代会报告、涉及职工群众切身利益重大方案和事项职代会表决、法律法规规定和劳资约定事项职代会审查监督、重大人事任免和领导干部廉洁勤政情况职代会民主选举和评议等制度。发挥劳动关系三方协商机制作用,有效调解矛盾纠纷。发挥职工法律援助志愿者、工会劳动法律监督员、工资集体协商指导员三支队伍的作用,引导职工理性维权,把各类劳动争议化解在基层、解决在萌芽状态。总结提升和谐企业创建成果,深化"企业关爱职工、职工热爱企业"活动。开展行业性、区域性工资集体协商,扩大工资集体协商覆盖面,不断提高协商的质量和效果。加大源头维权力度,建立健全覆盖县(市、区)、乡镇(街道)、村(社区)、企业工会的帮扶维权网络,实行集困难救助、维权服务、争议调解、法律援助、医疗互助、心理疏导等为一体的帮扶维权模式,实现帮扶工作常态化、长效化、社会化。

拓展"中国梦·劳动美"主题教育,加强和改进职工思想政治工作,引导广大职工学习践行社会主义核心价值观。以创新职工道德讲堂等为载体,深化德孝文化进企业、进村庄(社区)、进家庭活动,培育职工积极向上的精神追求和健康文明的生活方式。挖掘宣传"爱岗敬业、争创一流,艰苦奋斗、勇于创新,淡泊名利、甘于奉献"的劳模精神在身边的典型,扩大劳模精神的社会辐射效应。深入开展岗位练兵、技术比武、劳动竞赛等,全面提高职工队伍整体素质,充分发挥职工的积极性和创造性。加强职工书屋、电子阅览室等农民工文化家园的建设,鼓励组建职工业余文艺队伍和各类文体兴趣小组,开展丰富多彩的文体娱乐活动,营造健康和谐、文明进步的氛围。

三、青春助力乡村振兴

分层分类,大力培养乡村振兴青年"人"。各级共青团组织统筹团内外资源,按照农业产业、农村治理和农民服务三个领域培养青年骨干队伍,强化青春助力乡村振兴的人才支撑。以实施"村村都有好青年"人才发展计划为重点,选拔有想法、有决心、有闯劲、有能力的好青年,到2018年底,全省已选树"好青年"5万余名,开展好青年专题培训近2000场。围绕农村青年人才培养,浙江省青年企业家协会、浙江省农村青年致富带头人协会共同实施浙江省农村青年致富带头人培养"星火计划",以农业青年产业人才、农村青年治理人才、农业农村服务青年人才三支队伍为培养目标,通过产业对接、人才培育、社群服务等方式,加大对农村青年人才的培育与帮扶,切实助力乡村振兴。广泛开展青春助力治水行动,常态化开展巡河和集中护水活动,全省共组建突击队 1.6 万余支,参与的青少年达 57 万人次。丽水共青团面向青年农业致富带头人、在外创业青年、外来知识青年、优秀大学毕业生等对象,组建 5000 人左右的农村"新青年"人才队伍。嘉兴共青团推出"红船新农人联盟",加强对各类归乡发展的青年科技人才、能工巧匠、乡土艺术家、高校毕业生、留学归国人员等的联系与培养。

搭建舞台,集聚乡村振兴青年"能"。发挥共青团的优势,采用项目化、品牌化的方式,借鉴众创空间运营成长模式,探索多种形式"青创农场",为广大青年投身乡村振兴搭建舞台。共青团宁波市委联合有关单位,打造以市级青创农场为"核心"、县(市、区)青创农场为"分部"、基层农业园区为"堡垒"的"一核多点、多环辐射"青年农业创业就业立体网络,到 2018 年底,共吸引 1000 多名青年返乡创业,安排农业就业青年 2000 多人,年销售额超 5 亿元。截至 2018 年底,全省共青团组织参与建成县级电子商务服务中心 70 余个、农村电商服务站 1.64 万个,探索形成了以遂昌、义乌、椒江、桐庐和龙游为代表的 5 种共青团组织扶持青年电商创业模式,推动乡村产业兴旺。浙江开展"银团合作",选派优秀金融青年挂职基层团委,促进金融资源和团组织资源有效结合,以挂职干部为纽带,2018 年累计发放农村青年创业小额贷款超过 12 亿元。共青团浙江省委联合省农业信贷担保公司、省农村信用联社等单位推出"浙里担·青农贷"专项公益贷款,为涉农创业青年提供最高不超过 100 万元的贷款。

强基固本,凝聚乡村振兴青年"力"。各级共青团组织强化思想引领,夯实基层基础,以提升组织力来推动共青团助力乡村振兴战略。强化思想聚力,推动"与信仰对话""与人生对话""奋斗的青春最美丽"等主题活动进农村。深化榜样引领,面向农村开展"村村都有好青年""最美 90 后""农村创业致富带头人"等典型选树活动,激励更多青年自觉投身乡村振兴。强化组织聚力,推进共青团改革向农村延伸,加强乡镇团组织规范化建设,提升基层团干部能力,增强村级共青团组织活力。强化社群聚力,积极培育选拔青年乡贤,引导服务性、公益性、互助性青年社会组织进农村,推进农村青年志愿服务工作发展,协同参与农村社会治理。台州共青团以"乡小贤"队伍建设为切入点,组建 105 支寻根队伍,打造 83 个寻根基地,联络 1000 余名在外优秀青年乡贤回乡投资。

四、巾帼建功乡村发展

妇联组织认真谋划工作载体,广泛整合社会资源,发动广大妇女投身乡村振兴主战场。

聚焦来料加工、乡村旅游、农家美食等适合农村妇女创业就业的特色产业,既帮助农村妇女增收致富,又促进乡村产业兴旺。大力发展来料加工产业,带动更多农村妇女在家门口实现创业增收。全省有来料加工点 2 万多个、经纪人 2 万多人,140 多万妇女从事来料加工,年发放加工费近 100 亿元。随着业务不断向外延伸,辐射到全国 20 多个省(区、市),带动 230 多万人增收致富。乡村旅游是农村妇女创业就业的新领域,各级妇联会同有关部门广泛开展培树"巾帼示范农家乐""最美民宿女主人""巾帼文明示范岗"等活动,一大批先进典型引领乡村旅游产业的发展。为助推农村传统美食产业发展,省妇联联合省农业农村厅、省文化旅游厅、省农信联社等,举办以"寻找记忆美食·展示厨娘风采"为主题的"妈妈的味道·民间美食巧女秀"活动,2018 年全省举办"民间美食巧女秀"活动150多场次,赛出获奖民间美食超过1000种,既深受消费者喜爱,也让"巧女厨娘"才华得到充分展示。

发挥妇女生力军作用,助推美丽乡村建设。省妇联发出《姐妹齐携手·清水护家园》倡议书,号召大家争当一线宣传员、先锋娘子军、家园护卫者和剿劣监督者。基层妇联纷纷组建各类巾帼宣传队、护河队、治水队、监督队、劝导队等志愿者队伍,引导和组织广大妇女在河道清洁、环境整治、河岸绿化等方面发挥积极作用。围绕推进农村垃圾分类,村(社区)妇联组织在动员广大妇女和家庭投身垃圾分类攻坚战中发挥了重要的骨干作用。农村妇联组织将"美丽庭院"创建作为推进"美丽浙江"建设的主抓手,动员广大妇女和家庭积极参与"美丽庭院"创建,使一大批特色鲜明、内容丰富、示范作用明显的"最美庭院""最美阳台"等不断涌现,有力助推美丽"盆景"成为美丽"风景"。

立足家庭基础,促进乡村社会文明和谐。在全省广泛开展"最美家庭""绿色家庭""书香家庭""廉洁家庭""平安家庭"等文明家庭创建活动,实现乡村全覆盖。发动广大家庭参与晒家风、传家训、秀家书,通过"最美女儿""最美婆媳""最美邻里"等的评选,推动乡风改善和文明提升。每年联合开展"春风行动",积极为贫困妇女提供就业岗位。充分发挥省妇女儿童基金会、省女企业家协会等社会组织的作用,实施"焕新乐园""圆梦助学""亲情家书""木兰计划"等公益项目,积极做好贫困妇女儿童的关爱救助工作。

五、培育村民自治组织

村民自治作为农民群众行使民主权利、管理村社公共事务的基层民主形式,具有直接民主和群众自治的特性。在党的领导下,经过30多年的发展,我国村民自治制度不断完善,构建民主选举、民主决策、民主管理、民主监督的制度体系,建立以村民委员会和村民小组为民主管理机构、村民会议和村民代表会议为民主决策机构、村务监督委员会和民主理财小组为民主监督机构的村民自治组织体系。各类组织在村民自治组织体系内扮演不同角色,又相互合作、相互监督,实现了乡村的有效治理。

广阔的自治空间和丰富的自治内容,使村民自治在乡村振兴中发挥着不可替代的重要作用。在基层党组织的领导下,村民委员会作为村民自治组织体现村民意志,处理集体经济组织、合作社、工商企业等各类经济社会组织之间的关系,维护广大村民的合法权益。随着农村的经济发展、社会进步和改革深化,在政策的创设和落实中,要更加重视发挥村民自治的作用。农村产业如何发展、资源如何配置,根本上要靠市场,但党政的带动和政策导向是十分重要的,尤其是在农业农村农民发展还不平衡不充分的情况下,党政的作用更为关键。这就要充分尊重和发挥好村民自治的作用,使其在市场和政府之间做好"桥梁"。吸引各类优质资源建设乡村,促进乡贤资源整合,协调乡村人际关系和群体关系,等等,都是村民自治作用的生动体现。

坚持和创新村党组织领导下的村民自治机制,严格依法实行民主选举,选出群众拥护的讲政治、守规矩、重品行、有本事、敢担当的村委会班子,引导村民群众在党组织带领下进行自我管理、自我教育、自我服务、自我监督。发挥自治章程、村规民约的积极作用,在尊重法律法规的前提下,就资源、环境、治安、防火、权益等作出规定,成为村民的基本行为规范,保障村民普遍享有的权利。以自然村、农村社区、村民小组为基本自治单元,以多层次、多类型的村民议事会、村民理事会、村民监事会为组织载体,满足不同地区乡村治理复杂性的需求。探索村民自治的有效实现形式,一些地方农村出现的协商治理实践为不同身份、不同层次农民参与民主提供了较好的形式,不少发达地区的农村根据形势的发展将外来人口包括在协商治理过程之中。依托村民会议、村民代表会议、协商议事会、村务理事会、村民监事会等有效自治形式,支持发展农村各类社会组织,鼓励发展乡贤理事会、参事会、议事会等乡贤组织,扩展村民自治的社会基础,有效推动村(社区)协商制度化和规范化。

◆◆ 思考题

1. 落实党管农村工作要求应当从哪些方面发力?

2. 怎样更好地发挥党建引领下的农村基层组织作用?

3. 浙江实施农村工作指导员制度给我们哪些启示?

4. 如何理解发展农村集体经济对乡村建设的价值和作用?

参考文献

[1] 习近平.决胜全面建成小康社会夺取新时代中国特色社会主义伟大胜利:在中国共产党第十九次全国代表大会上的报告[M].北京:人民出版社,2017.

[2] 习近平.干在实处走在前列:推进浙江新发展的思考与实践[M].北京:中共中央党校出版社,2006.

[3] 习近平.之江新语[M].杭州:浙江人民出版社,2007.

[4] 本书编写组.党的十九大报告辅导读本[M].北京:人民出版社,2017.

[5] 本书编写组.《中共中央关于坚持和完善中国特色社会主义制度、推进国家治理体系和治理能力现代化若干重大问题的决定》辅导读本[M].北京:人民出版社,2019.

[6] 中共中央党史和文献研究院.习近平关于"三农"工作论述摘编[M].北京:中央文献出版社,2019.

[7] 中共中央文献研究室.习近平关于社会主义生态文明建设论述摘编[M].北京:中央文献出版社,2017.

[8] 中共中央党史研究室.中国共产党历史:第二卷(1949—1978)[M].北京:中共党史出版社,2011.

[9] 中共中央党史研究室.中国共产党的九十年[M].北京:中共党史出版社,2016.

[10] 中央党校采访实录编辑室.习近平的七年知青岁月.北京:中

共中央党校出版社,2017.

[11] 中共中央组织部干部教育局.领航中国[M].北京:党建读物出版社,2016.

[12] 车俊.透过浙江看中国的社会治理[M].北京:外文出版社,2018.

[13] 韩长赋.中国现代化进程中的"三农"问题[M].北京:中国农业出版社,2010.

[14] 王国平.城市论:以杭州为例[M].北京:人民出版社,2009.

[15] 蒋文龙,等.农民日报记者眼中的浙江"三农"[M].北京:中国农业出版社,2008.

[16] 孙景淼,等.乡村振兴战略[M].杭州:浙江人民出版社,2018.

[17] 孙景淼,等.乡村振兴的浙江实践[M].杭州:浙江人民出版社,2019.

[18] 陈野,等.乡村发展:浙江的探索与实践[M].北京:中国社会科学出版社,2018.

[19] 沈满洪,谢慧明.生态文明建设:浙江的探索与实践[M].北京:中国社会科学出版社,2018.

[20] 陈立旭.文化发展:浙江的探索与实践[M].北京:中国社会科学出版社,2018.

[21] 胡承槐,王侃.全面从严治党:浙江的探索与实践[M].北京:中国社会科学出版社,2018.

[22] 中共浙江省委党校编写组.建设伟大工程[M].杭州:浙江人民出版社,2019.

[23]《浙江概览》编撰委员会.浙江概览:2019年版[M].杭州:浙江人民出版社,2019.

[24] 浙江省农业厅,浙江省统计局.浙江农业 60 年发展报告[M].
杭州:浙江人民出版社,2009.

[25] 浙江省"五水共治"实践经验研究课题组."五水共治":新发
展理念的浙江实践[M].杭州:浙江人民出版社,2017.

[26] 农业部软科学委员会办公室.农村改革与统筹城乡发展[M].
北京:中国财政经济出版社,2010.

[27] 省农业农村厅.中共浙江省委浙江省人民政府关于印发《全
面实施乡村振兴战略高水平推进农业农村现代化行动计划
(2018—2022 年)》的通知[EB/OL].(2018-11-29)[2020-03-
01].http://www.zj.gov.cn/art/2018/11/29/art_12289464-
99_38905951.html.

[28] 浙江发布.省委省政府印发《浙江省乡村振兴战略规划(2018—
2022 年)》[EB/OL].(2019-04-18)[2020-03-03].https://zj.
zjol.com.cn/qihanghao/100059241.html.

[29] 杭州建设.省委办公厅省政府办公厅印发《浙江省高水平推
进农村人居环境提升三年行动方案(2018—2020 年)》[EB/
OL].(2018-09-28)[2020-03-03].https://www.sohu.com/
a/256818933_100013040.

[30] 浙江日报.《浙江省生态文明示范创建行动计划》发布[EB/
OL].(2018-05-23)[2020-03-09].http://www.zj.gov.cn/
art/2018/5/23/art_1554467_22972435.html.

[31] 王仁宏,曹昆.谱写新时代乡村振兴新篇章[N].人民日报,
2017-12-30(2).

[32] 浙江省中国特色社会主义理论体系研究中心.从山海协作、
城乡统筹到实施区域协调发展战略[N].浙江日报,2018-07-

20(5).

[33] 浙江省中国特色社会主义理论体系研究中心. 从"千万工程"到乡村振兴战略[N].浙江日报,2018-07-21(3).

[34] 浙江省中国特色社会主义理论体系研究中心.从"平安浙江"到"平安中国"[N].浙江日报,2018-07-25(5).

后　记

为深入学习贯彻习近平新时代中国特色社会主义思想，浙江大学拟编撰一套"新思想在浙江的萌发与实践"系列教材。因为多年的"三农"工作经历和《乡村振兴战略》《乡村振兴的浙江实践》等书的编写经验，浙江大学希望我牵头，负责系列教材中《统筹城乡兴"三农"》一书的编写工作，我欣然接受。

浙江是中国革命红船起航地、改革开放先行地、习近平新时代中国特色社会主义思想重要萌发地。习近平同志在浙江工作期间，对从根本上解决城乡二元体制和"三农"问题进行了深入思考和实践探索，作出了一系列关于"三农"工作的重要论述，亲自主持制定《浙江省统筹城乡发展　推进城乡一体化纲要》等一系列加快"三农"发展的重要文件，亲自谋划部署"千村示范、万村整治"等一系列统筹城乡发展的重大工程，亲自倡导实施"三位一体"合作经济发展等一系列农业农村重大改革，直接推动了浙江省强农惠农富农政策体系与城乡一体化制度框架的构建和完善，有力促进浙江"三农"工作干在实处、走在前列。重温习近平同志对浙江"三农"工作的一系列重要论述，总结浙江这些年来的探索实践，对于新时代实施乡村振兴战略，更好地推进"三农"工作新发展，具有重要的理论价值和现实意义。

我曾于 20 世纪 90 年代担任杭州市直部门和浙江省陆域面积最大的山区县淳安县政府的主要负责人，2002 年起先后担任杭州市主管"三农"工作的副市长、浙江省农业厅厅长、浙江省发展和改革委员会主任、浙江省副省长兼任中共舟山市委书记和浙江舟山群岛新区党工委书记,后又在省政府主管"三农"工作,对"三农"工作具有深厚的感情和较长时间的实践历练,是习近平"三农"重要论述在浙江形成与发展的亲历者、见证者和践行者。

本书在写作过程中,得到了浙江省政府办公厅、省委全面深化改革委员会办公室、省自然资源厅、省生态环境厅、省住房和城乡建设厅、省水利厅、省农业农村厅、省供销合作社、省林业局、省社会科学院、省总工会、团省委、省妇女联合会、省社会科学界联合会等单位的大力支持和帮助,童日晖、孙勤明、余振波、吴宏晖、陈旭瑾、方杰、李剑锋、朱勇军、楼志民、盛龙威、周静、施伟榴等同志提供了相关素材,浙江大学出版社提供了专业、高效的服务,在此一并表示感谢。

时间较紧,水平有限,书中的错漏之处恳请各位读者批评指正。

孙景森

2020 年 4 月

图书在版编目(CIP)数据

统筹城乡兴"三农" / 孙景淼编著. — 杭州：浙
江大学出版社，2020.7(2024.4 重印)
ISBN 978-7-308-20302-9

Ⅰ. ①统… Ⅱ. ①孙… Ⅲ. ①农村－社会主义建设－
研究－浙江 Ⅳ. ①F327.55

中国版本图书馆 CIP 数据核字(2020)第 105804 号

统筹城乡兴"三农"

孙景淼　编著

出 品 人	褚超孚
总 编 辑	袁亚春
策划编辑	黄娟琴
责任编辑	朱　辉
责任校对	高士吟
封面设计	程　晨
出版发行	浙江大学出版社
	（杭州市天目山路 148 号　邮政编码 310007）
	（网址：http://www.zjupress.com）
排　　版	杭州朝曦图文设计有限公司
印　　刷	浙江新华数码印务有限公司
开　　本	710mm×1000mm　1/16
印　　张	14.5
字　　数	172 千
版 印 次	2020 年 7 月第 1 版　2024 年 4 月第 4 次印刷
书　　号	ISBN 978-7-308-20302-9
定　　价	39.00 元

版权所有　侵权必究　印装差错　负责调换

浙江大学出版社市场运营中心联系方式：0571-88925591；http://zjdxcbs.tmall.com